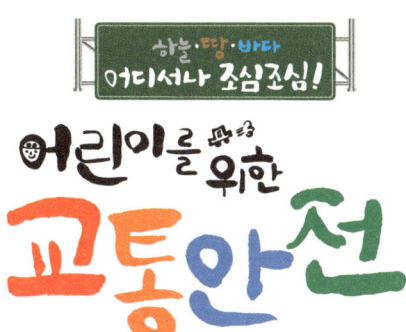

하늘·땅·바다 어디서나 조심조심!

어린이를 위한 교통안전

1판 1쇄 발행   2021년 4월 1일

글쓴이   김은중
그린이   김창희

편집   이용혁 박재언 이순아
디자인   문지현 오나경

펴낸이   이경민
펴낸곳   ㈜동아엠앤비
출판등록   2014년 3월 28일(제25100-2014-000025호)
주소   (03737) 서울특별시 서대문구 충정로 35-17 인촌빌딩 1층
전화   (편집) 02-392-6901 (마케팅) 02-392-6900
팩스   02-392-6902
전자우편   damnb0401@naver.com
SNS

ISBN 979-11-6363-344-0 (74400)

※ 책 가격은 뒤표지에 있습니다.
※ 잘못된 책은 구입한 곳에서 바꿔 드립니다.
※ 이 책에 실린 사진은 위키피디아, 셔터스톡에서 제공받았습니다.

 도서출판 뭉치는 ㈜동아엠앤비의 어린이 출판 브랜드로, 아이들의 지식을 단단하게 만들어 주고, 아이들의 창의력과 사고력을 키워 주어 우리 자녀들이 융합형 창의 사고뭉치로 성장할 수 있도록 좋은 책을 만들겠습니다.

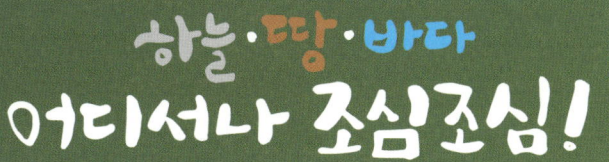

하늘·땅·바다
어디서나 조심조심!

어린이를 위한 교통안전

글쓴이 **김은중** 그린이 **김창희**

교통사고로부터 나를 지키려면 어떻게 해야 할까?

펴내는 글

우리나라 대중교통은 안전할까?
어린이 스스로 교통사고에서 나를 지킬 수 있을까?

선생님의 질문에 교실은 일순간 조용해지기 시작합니다. 인내심이 한계에 다다른 선생님께서 콕 집어 누군가의 이름을 부르는 순간 내가 걸리지 않았다는 안도감에 금세 평온을 되찾지요. 많은 사람 앞에서 어떻게 말을 해야 할까 고민 한번 해 보지 않은 사람은 없을 겁니다.

사람들 앞에서 자신의 생각을 조리 있게 전달하는 기술은 국어 수업 시간에만 필요한 것이 아닙니다. 학교 교실뿐만 아니라 상급 학교 면접 자리 또는 성인이 된 후 회의에서도 자신의 의견을 분명히 표현할 수 있어야 합니다. 하지만 어디서부터 시작해야 할지 몰라 입을 떼는 일이 쉽지 않습니다. 혀끝에서 맴돌다 삼켜 버리는 일도 종종 있습니다. 얼떨결에 한마디 말을 하게 되더라도 뭔가 부족한 설명에 왠지 아쉬움이 들 때도 많습니다.

논리적 사고 과정과 순발력까지 필요로 하는 토론장에서 자신만의 목소리를 내려면 풍부한 배경지식은 기본입니다. 게다가 고학년으로 올라가서 배우는 수업과 진학 시험에서의 논술은 교과서 속의 내용만을 요구하지 않습니다. 또한 상대의 의견을 받아들이거나 비판하기 위해서도 의견의 타당성과 높은 수준의 가치 판단을 해야 하는 경우가 많은데, 자신의 입장을 분명히 하기 위해선 풍부한 자료와 논거가 필요합니다.

토론왕 시리즈는 우리 주변에서 일어나는 다양한 사건과 시사 상식 그리고 해마다 반복되는 화젯거리 등을 초등학교 수준에서 학습하고 자신의 말로 표현할 수 있도록 기획되었습니다. 체계적이고 널리 인정받은 여러 콘텐츠를 수집해 정리하였고, 전문 작가들이 학생들의 발달 상황에 맞게 스토리를 구성하였습니다. 개별적으로 만들어진 교과서에서는 접할 수 없는 구성으로 주제와 내용을 엮어 어린 독자들이 과학적 사고뿐만 아니라 문제 해결력, 비판적 사고력을 두루 경험할 수 있도록 하였습니다. 또한 폭넓은 정보를 서로 연결 지어 설명함으로써 교과별로 조각나 있는 지식을 엮어 배경지식을 보다 탄탄하게 만들어 줍니다. 이러한 통합 교과형 구성은 국어를 기본으로 과학에서부터 역사, 지리, 사회, 예술에 이르기까지 상식과 사회에 대한 감각을 익히고 세상을 올바르게 바라보는 눈을 갖는 데 큰 도움이 될 것입니다.

『하늘·땅·바다 어디서나 조심조심! 어린이를 위한 교통안전』은 교통안전 염려증이 심각한 프랭키에게 안전 수칙만 잘 지키면 즐겁고 안전하게 교통수단을 이용할 수 있다는 것을 알려 주는 책입니다. 비행기, 배, 버스, 지하철, 자전거 등 우리가 일상에서 자주 접하는 교통수단마다 우리가 지켜야 할 안전 수칙을 차근차근 설명하고 있지요. 우리 어린이들뿐만 아니라 어른들도 자주 범하기 쉬운, 위험한 교통안전 습관에 대해서도 짚어 줍니다. 그리고 최근 화제가 된 '어린이 보호 구역'에 관한 교통 법규에 대해 다양한 토론거리를 제공하여, 어린이들과 어른이 모두 함께 고민해 볼 수 있도록 했습니다. 어린이들이 이 책을 통해 일상에서 교통안전 수칙을 잘 지킬 수 있기를 바랍니다.

편집부

 차례

펴내는 글 · 4
교통사고 염려증 · 8

 **1장 하늘과 물에서도 중요한 교통안전 · 11**

비행기 안전은 어떻게 지켜야 할까?

배 위에서도 조심해요

토론왕 되기! 비행기나 배에서 사고가 났을 때 탑승자에게 가장 필요한 것은?

 **2장 편리한 대중교통 안전하게 이용하기 · 41**

지하철 안전 규칙을 익혀요

버스 사고를 예방해요

토론왕 되기! 우리나라 대중교통은 안전할까?

3장 두 바퀴, 네 바퀴, 모두 안전이 최고 · 65

승용차를 탈 때도 지켜야 할 게 있어요

자전거 안전은 어떻게 지킬까?

토론왕 되기! 뒷좌석 안전띠를 꼭 해야 할까?

뭉치 토론 만화
스쿨 존을 지켜라 · 89

4장 교통안전 습관을 들여요 · 97

길을 걸을 때도 조심해요

교통안전 규칙은 생명을 지키는 약속이에요

토론왕 되기! 더 눈에 띄는 교통안전 캠페인을 만들어 보자
세계의 독특한 교통안전 캠페인

어려운 용어를 파헤치자! · 125

교통안전 관련 사이트 · 126

신나는 토론을 위한 맞춤 가이드 · 127

비행기 안전은 어떻게 지켜야 할까?

괴물 아이 프랭키는 이불을 뒤집어쓰고 바들바들 떨었어요.

"절대 안 나가요. 집 밖은 위험하다고요. 무시무시한 무기들이 잔뜩 있단 말이에요."

"무시무시한 무기들이라니, 그게 무슨 소리니?"

프랭키의 엄마 프라다 여사는 근심이 가득한 얼굴로 말했어요. 프랭키 때문에 신경을 쓰는 바람에 이마 옆에 박혀 있는 나사도 헐거워졌어요.

"쇠로 만든 무기들이요. 자전거, 오토바이, 승용차, 버스 같은 교통수단 때문에 하루에도 몇 번이나 교통사고가 나고 사람들이 다치잖아요. 걸어 다니면 되는데 그런 걸 왜 타냐고요!"

프라다 여사는 기가 막혀서 대답할 수가 없었어요. 고개를 설레설레 저으며 한숨만 내쉬었지요. 프랭키의 아빠 프랑코 씨는 '교통사고 염려증'에 걸린 아들이 답답했어요. 몇 번이나 교통수단이 안전하다고 말해도 소용없었어요. 이젠 머리에서 하얀 연기가 날 지경이었어요. 옆에 있던 한 소녀가 프랑코 씨가 폭발하기 전에 끼어들었어요.

"맞아, 하루에도 몇 건씩 교통사고가 생기지. 하지만 교통사고를 예방할 수 있는 방법도 있어."

"교통사고를 예방할 수 있는 방법은 모든 교통수단들을 없애고 걸어 다니는 거야."

"교통수단이 발달하면서 우리 생활이 얼마나 편해졌는데. 대한민국에 살고 있는 내가 노르웨이 숲에 있는 프랑켄 마을에 올 수 있었던 것도 모두 교통수단 때문인걸. 교통수단을 없애는 것보다 교통사고를 막는 것이 더 안전하고 효율적이야."

얼굴에 주근깨가 가득하고 새카만 머리를 양쪽으로 묶은 하라가 손가락을 딱딱 부딪치며 쉬지 않고 말했어요. 하라는 금 박사의 딸이에요. 함께 오던 금 박사는 세계를 혼란에 빠뜨리려는 조직 정크가 사고를 일으키는 바람에 급히 출장을 가게 되어서 하는 수 없이 하라가 프랭키를 데리러 오게 되었지요.

프랭키는 잘난 척하는 하라가 마음에 안 들었어요. 하라의 아빠 금 박사는 좋아했지만요.

금 박사는 프랭키 아빠와 친구이며, 인간이 아닌 존재들을 보호해 주는 한국 중요 비밀 기관 키스의 요원이었어요.

"금하라, 넌 한국에서 교통사고가 얼마나 많이 일어나는지 알고 있니? 2019년 조사에 의하면 전체 교통사고는 22만 건이 넘고 이 중에서 사망자만 3349명이야. 어린이 사고도 1만 명이 넘는다고."

프랭키의 교통안전 수첩

우리나라에서 일어나는 전체 교통사고는 얼마나 될까?

구분	사고 건수(건)	사망자 수(명)	부상자 수(명)
2017년	216,335	4,185	322,829
2018년	217,148	3,781	323,037
2019년	229,600	3,349	341,712

전체 사고 건수는 늘었지만, 사망자가 점차 줄고 있다는 점이 긍정적이라고 할 수 있을 거예요. 어린이 교통사고는 어떤지 살펴볼까요?

구분	사고 건수(건)	사망자 수(명)	부상자 수(명)
2017년	10,960	54	13,433
2018년	10,009	34	12,543
2019년	11,054	28	14,115

어린이 사망자 수는 줄고 있죠? 사고는 좀 더 발생했지만 목숨을 빼앗을 만큼의 사고가 줄어들었다는 걸 확인할 수 있어요. 그래도 앞으로는 사고 건수 자체를 줄여서 부상자 수도 줄이는 정책을 펴야 해요.

1장 하늘과 물에서도 중요한 교통안전

"너는 하나만 알고 둘은 모르는구나. 교통안전 규칙을 잘 지킨다면 교통사고는 얼마든지 예방할 수 있거든! 우리나라에서는 계속 교통 시설을 관리하고 교통안전 교육을 해서 교통사고를 예방하고 있어."

하라가 팔짱을 끼고 또박또박 말했어요. 프랭키는 교통사고가 얼마나 많이 일어나고 끔찍한지 똑똑히 말해 주려고 하라 앞으로 다가갔어요. 하라는 프랭키가 가까이 다가오자 기다렸다는 듯이 손을 뻗었어요. 그 순간 프랭키는 하라 손에 들려 있는 표를 보게 되었답니다. 프랭키는 바로 소리를 질렀어요.

"꾸오오왁! 노래면 노래, 춤이면 춤, 우리에게 사랑과 희망을 전해 주는 세계적인 아이돌 그룹 세이프 소년단 콘서트라고?"

"그래, 너도 세이프 소년단 팬이라며? 우리가 교통안전 미션만 잘 통과하면 아빠가 콘서트에 보내 주신다고 했어."

"교통안전 미션이라는 게 뭔데?"

"네가 한국에 가서 직접 교통수단을 이용하고 교통안전을 체험해 보는 거야."

"으으으, 집 밖으로 나가는 건 위험하지만 세이프 소년단을 볼 수 있다면 그 어떤 위험도 감수할 수 있어."

하라는 프라다 여사와 프랑코 씨를 바라보며 윙크를 보냈어요.

"역시 금 박사의 딸은 달라도 다르구나!"

프랑코 씨의 칭찬에 하라는 어깨를 으쓱하며 웃었어요. 그렇게 해서 하라와 프랭키는 함께 한국으로 가게 되었어요.

프랭키는 공항으로 가면서도 손톱을 잡아 뜯고, 나사를 돌리고, 꿰맨 자리를 만지작거리고 다리를 달달 떨었어요. 공항에 도착해서도 불안해하며 안절부절못했지요.

"비행기 사고는 한 번 일어나면 대형 사고로 이어지니까 우리 모두 죽을 거야."

"프랭키, 네 말이 맞지만 비행기 사고가 나서 사망할 확률은 승용차

사고보다 적어. 사고가 나면 크게 나서 자주 난다고 생각하지만 사실은 사고가 날 확률도 굉장히 낮아. 그리고 항공 안전 규칙을 잘 지키면 사고를 예방할 수 있고. 걱정하지 말고 비행기 짐부터 어떻게 보내는지 알아보자."

하라는 캐리어를 끌고 씩씩하게 수하물 보내는 창구로 갔어요. 프랭키는 쫄래쫄래 따라갈 수밖에 없었어요. 그런데 그때 수상한 사람이 하라와 프랭키를 뒤쫓아 가는 거예요. 눈치가 빠른 하라가 금 박사에게 바로 전화를 했어요.

"아빠, 아까부터 수상한 사람이 우리를 미행하고 있어요."

"정크 조직의 부하들이 안전 불감증 바이러스를 퍼뜨리고 다닌다는 정보가 들어왔어. 조심해라, 하라야."

"걱정 마세요. 이럴 때일수록 항공 안전 규칙을 꼼꼼히 따져 보고 지킬게요."

"그래, 너만 믿는다. 한국에 무사히 돌아가서 보자."

하라는 전화를 끊고 날카로운 눈으로 여기저기를 살핀 다음 프랭키를 보고 말했어요.

"프랭키, 여행 가방에 라이터나 보조 배터리를 넣은 건 아니지?"

"갑자기 그건 왜?"

"보조 배터리는 비행기 화물칸에 넣으면 안 되는 반입 금지 물품이라

개인이 직접 가지고 타야 해. 폭발하거나 불이 붙을 수 있는 물질은 수하물로 실을 수 없어. 빨래할 때 쓰는 표백제도 안 된다고. 물론 가스라이터나, 부탄가스 같은 것도 안 돼."

"그런 것까지 챙겨 오진 않았는데. 앞으론 조심해야겠다."

하라와 프랭키가 출국 절차를 밟을 때였어요. 프랭키가 수하물 검색대에 내려놓은 배낭에서 공구로 쓸 수 있는 다용도 칼이 나왔어요. 결국 프랭키는 칼을 빼앗겼어요. 하라는 사고에 대해서는 잘 알지만 안전에 대해서는 모르는 프랭키가 걱정되었어요.

"프랭키, 무기가 될 수 있는 걸 가지고 비행기를 탈 순 없어. 위탁 수하물로 화물 짐에 넣었어야지."

"이런, 그런 건지 몰랐어. 되게 까다롭구나."

"당연하지. 이런 게 모두 사고를 예방하기 위한 항공 안전 규칙이라고. 이런 걸 잘 지키면 사고를 막을 수 있겠지? 이것 말고도 알아 둬야 할 안전 규칙이 더 있으니까 어서 비행기에 타자."

하라와 프랭키는 비행기에 올라탔어요. 프랭키는 비상구가 어디 있는지 먼저 확인하고 비행기 좌석 뒤에 있는 안전 매뉴얼을 꺼낸 후, 가방을 다리 아래에 놓고 자리에 앉았어요.

"프랭키, 비상구 확인하고 안전 매뉴얼까지 보는 건 좋은 데 짐은 왜 바닥에 놓는 거야?"

"내 짐이니까. 위험할 때 쓸 수 있는 도구랑 구급약이 들었어."

"그게 더 위험해. 비상 상황에서는 아무 데나 둔 짐이 위험할 수 있어. 가벼운 손가방 정도만 앞좌석 밑에 두어야 해."

"비행기가 흔들리면 짐에 부딪혀서 다칠 수도 있겠네. 알았어."

짐 정리가 모두 끝나고 자리에 앉자 비행기가 서서히 움직이기 시작했어요. 비행기 승무원이 비상구 위치와 구명조끼가 있는 곳을 알려 주고 사용 방법을 보여 주었어요.

"안전띠는 벌써 하고 있네. 휴대 전화는 비행기 모드로 바꾸었지?"

"비행기 모드가 뭔데?"

"비행기는 전파를 통해 다른 비행 물체나 위험을 감지하기 때문에 휴대 전화를 사용하면 휴대 전화의 전파가 비행기 운행을 방해할 수 있어. 비행기 모드로 바꾸거나 전원을 꺼서 전파를 차단해야 해."

프랭키는 휴대 전화를 비행기 모드로 바꾸었어요.

활주로를 달리던 비행기가 무사히 하늘로 떠올랐어요. 프랭키는 잔뜩 걱정했지만 아무 일도 일어나지 않았어요. 하라가 어리둥절한 프랭키에게 말했어요.

"이제 편안한 마음으로 세이프 소년단 노래를 들으며 비행을 즐겨 보자고."

"그, 그럴까?"

프랭키도 마음이 느긋해졌어요. 기내식도 먹고 영화도 보고 음악도 들었어요. 그러다가 스르르 잠이 들었지요. 몇 시간이나 지났을까, 하라와 프랭키는 소란스러움에 잠이 깼어요.
그때 기장의 기내 방송이 나왔어요.
"모두 자리에 앉아 주십시오. 기체 결함이 의심되어 중국 공항에 비상 착륙하도록 하겠습니다. 운행에는 영향이 없으나 혹시 생길지 모르는 사고를 막기 위해서이니 안심하셔도 됩니다."

프랭키의 교통안전 수첩

오늘날 비행기는 누구나 탈 수 있는 교통수단이 되었어요. 좀처럼 사고가 나지 않는 안전한 교통수단이지만, 많은 사람들이 이용하기 때문에 막상 사고가 나면 엄청난 피해를 입기도 해요. 지금까지 최악의 항공 사고는 1977년 스페인의 테네리페에서 일어난 거예요. 테네리페섬은 스페인령으로 서쪽 대서양에 위치한 카나리아 제도의 가장 큰 섬이에요. 이곳의 테네리페노르테 공항에서 지상 이동 중이던 항공기와 이륙 중이던 항공기 두 대가 활주로에서 충돌해 무려 583명이 사망했어요. 관제와 항공기 간 소통이 잘 이루어지지 않은 것, 조종사들이 상황을 지레짐작한 것, 표준 용어 미사용 등이 사고 원인이었지요. 이후 조종사와 관제탑 간 교신 원칙과 안전 수칙이 대폭 강화되었답니다.

항공기 사고 시 대처 방법

✓ 상체를 최대한 굽혀 머리가 좌석 등받이 또는 벽면에 닿도록 해요.
✓ 양손을 겹쳐서 머리 위에 놓아요. 손가락 깍지는 끼지 않아요.
✓ 양팔로 얼굴 양옆을 감싸요.
✓ 양발을 무릎보다 뒤로 당겨 각도를 최소화하고 발바닥은 평평하게 유지해요.

자료: 제주 특별 자치도

이렇게 웅크리고 있는 자세는 팔, 다리의 골절을 최소화하고 머리에 받는 충격을 흡수해요. 골절되지 않아야 스스로 신속하게 탈출할 수 있답니다.

"으아아악! 이것 봐. 내가 사고가 생길 거라고 했잖아!"

안 그래도 초록빛인 프랭키의 얼굴이 더 짙어졌어요.

"평소에도 검사하고 이륙 전에도 철저하게 검사하지만, 그래도 놓치는 게 있을 수 있어. 더 큰 사고가 날까 봐 운행을 중지하고 비상 착륙을 하는 거야. 너무 걱정하지 마, 프랭키."

하라는 프랭키가 불안해하지 않도록 설명해 주었어요.

비행기는 중국 공항에 착륙했어요. 비행기가 멈추자 승객들이 일어나 너도나도 빨리 내리려고 했어요.

"우리도 빨리 나가자. 빨리빨리!"

"프랭키, 진정해. 승무원의 안내를 따르는 게 가장 중요해. 서로 빨리 나가려다가 더 큰 사고가 날 수도 있단 말이야."

하라는 프랭키를 진정시켰어요.

프랭키는 사고라는 말에 서두르던 걸 멈추고 승무원의 안내에 따라 비행기에서 내렸어요. 승객들은 다른 비행기로 옮겨서 한국까지 가기로 했어요.

하지만 프랭키는 고개를 설레설레 저으며 말했어요.

"난 비행기 절대 안 타!"

하라는 고집불통 프랭키를 보며 무사히 한국에 갈 수 있을지 걱정되었어요.

배 위에서도 조심해요

금 박사의 도움으로 하라와 프랭키는 여객선 터미널로 왔어요. 비밀 기관 중국 지부 요원이 아이들을 부두까지 데려와 표를 끊어 주었어요.

"이 배를 타고 한국에 갈 거야."

교통수단은 아무것도 타지 않겠다던 프랭키는 하라의 무시무시한 잔소리를 듣고 어쩔 수 없이 배를 타기로 했어요.

"프랭키, 네 여권 꺼내 줘."

"여권은 왜?"

"여객선에서도 반드시 신분증을 확인하거든."

하라와 프랭키는 신분 확인을 받고 나서 배를 타기 위해 줄을 섰어요. 프랭키가 손톱 끝을 씹으며 투덜거렸어요.

"선박 사고는 물 위에서 일어나니까 사고를 수습하기가 더 어렵단 말이야. 타이타닉 몰라? 엄청 커다란 여객선도 침몰할 수 있다고."

"프랭키 네 말이 맞아. 그러니까 안전 수칙을 더 잘 지켜야지. 배는 출렁일 수 있으니까 탈 때도 난간 손잡이를 꼭 잡고 천천히 질서 있게 타야 하고. 잠깐만!"

배에 올라선 하라가 말을 멈추고 갑판으로 달려갔어요. 아이들이 난간을 잡고 장난치고 있었거든요. 어른들은 보이지 않았어요.

"얘들아, 배가 흔들리면 물에 빠질 수도 있으니까 난간 옆에서 절대 장난치면 안 돼."

"너희들 여기 있었구나! 누나 말이 맞아. 어서 들어가자."

아이들의 아빠가 나타나서 말했어요. 아이들은 아빠 손을 잡고 선실로 들어갔어요. 하라는 프랭키에게 돌아와 말했어요.

"사고는 안전 불감증부터 시작이야. 무조건 괜찮을 거라고 생각하는 것 말이야. 너처럼 교통사고 염려증에 걸려서 편리한 교통수단을 이용하지 못하는 것도 문제지만."

"하라야, 그런데 저게 뭐지? 뭔가 검은 그림자가 움직이고 있어."

"어디? 어쩌면 정크 조직의 조직원일지도 몰라. 아빠가 특히 조심하라고 했거든. 잘 살펴봐야겠어."

하라는 아까 표를 끊어 준 요원 아저씨에게 전화해서 상황을 설명했어요. 출항 시간이 다가올 때쯤 다시 요원에게서 전화가 왔어요.

"네? 승선 제한 인원보다 많은 사람들을 태우려고 했다고요? 거기다가 화물도 제한 무게를 넘어서 싣고요? 화물을 기준량보다 더 많이 싣게 되면 방향을 바꾸기도 어렵고 화물이 쏠리면 배가 뒤집어질 수도 있잖아요. 미리 막을 수 있어서 다행이에요."

하라는 전화를 끊고 프랭키에게 말했어요.

"프랭키, 정말 잘 봤어. 네 덕분에 사고를 막을 수 있었어."

"흠, 내가 예리하기는 하지!"

프랭키는 이마 양쪽에 있는 나사를 돌리며 대답했어요. 칭찬을 받으니까 기분이 좋아졌어요. 벙싯벙싯 웃으며 선실로 들어가려는데 한 작은 아이가 여객선 직원들을 향해 무언가를 뿌리는 거예요. 무슨 일인지 살펴보는데 하라가 불렀어요.

"프랭키, 배에 타면 먼저 비상구, 구명조끼, 구명보트, 비상벨 등의 위치를 꼭 알아 두어야 해. 그래야 사고가 발생했을 때 바로 찾아서 사용할 수 있으니까."

프랭키는 수상한 아이를 뒤로 하고 하라를 따라 선실로 들어갔어요.

"비상 대피 안내도 있네. 좋았어. 그런데 구명조끼는 어떻게 입는 거지?"

"구명조끼는 물에 빠졌을 때 몸이 물 위로 뜰 수 있게 도와줘. 비행기에도 구명조끼가 있었지? 선박용은 조금 달라. 선박용은 조끼형이나 목걸이형이 있어. 조끼형은 몸에 맞는 것을 골라 조끼를 입듯 양손으로 소매에 끼워 입으면 돼."

"잠깐! 여기 선박용 목걸이형 구명조끼 착용 방법이 있어. 머리를 집어넣어 목에 끼우고 끈을 등 뒤로 돌려서 다리 끈 생명 끈도 해야 위로 벗겨지지 않는대."

"어때? 모든 걸 확인하고 나니까 마음이 좀 편해지지? 걱정할 거 없다고."

"누, 누가 걱정을 한다고 그래? 나도 그 정도는 알아."

프랭키는 허세를 부리고는 자리에 가서 앉았어요. 아이들이 자리에 앉자 배가 출발했어요. 배는 안전하게 운항을 했어요. 그런데 파도 때문에 배가 조금씩 일렁이는 건 막을 수 없었죠. 프랭키의 얼굴이 주황색, 초록색, 빨간색으로 번갈아 가며 바뀌었어요.

"나 토할 것 같아."

배 타기 전에 멀미약을 먹었어야 하는데 안전에 신경 쓰느라 깜박 잊었지 뭐예요. 하라는 가방에서 멀미약을 꺼냈어요.

"프라다 아주머니가 괴물 표 멀미약을 주셨으니까 먹어 봐."

프랭키는 멀미약을 먹고 조금 진정이 되었어요.

"바람을 쐬면 조금 더 괜찮을 거야. 조심해서 밖으로 나가 보자."

밖으로 나와 보니 어느새 안개가 끼어 있었어요. 안개 사이로 아까 그 아이가 난간에 서서 토하고 있는 게 보였어요.

"프랭키, 쟤도 너처럼 멀미약을 안 먹고 탔나 보다."

"그런데 저 아이, 좀 수상해. 배가 출발하기 전에 직원들에게 접근해서 뭔가를 뿌리더라고."

"뭐? 혹시 정크 조직의 부하 아니야?"

하라는 얼른 사진을 찍어서 아빠에게 보냈어요. 조금 뒤 아빠에게서

답 문자가 왔어요.

'이름 몽테, 아시아 지역 담당 정크 조직원으로 바이러스를 뿌려서 사람들에게 안전 불감증을 심어 주고 혼란을 일으키는 특징이 있음. 조심해야 된다.'

그때였어요. 쿵 소리가 나더니 배가 어딘가에 걸려서 나아가지 못했어요. 그러더니 배가 기울어지기 시작하지 뭐예요! 난간을 잡고 토하던 아이도 배와 함께 기울어졌죠. 프랭키는 재빨리 몽테를 뒤쫓아 가서 뒷덜미를 잡아끌었어요.

"켁켁, 이거 놔!"

"우린 네 정체를 다 알아, 몽테! 네가 안전 불감증 바이러스를 뿌리고 다녔지? 대체 목적이 뭐야? 사실대로 말하면 멀미약을 나눠 줄게."

하라가 말했어요.

멀미로 지칠 대로 지친 몽테는 프랭키한테 붙들려서 꼼짝도 할 수 없었어요.

하라가 높은 쪽으로 가자 사람들도 구명조끼를 입은 채 모두 나와 있었어요. 배가 많이 기울기 전에 모두 이동한 거였어요.

승객들은 안내 방송에 따라 침착하게 행동했어요. 안개 때문에 앞에서 오던 배를 보지 못하고 피하려다가 암초에 걸린 거였어요. 배는 조금 기울어지다가 멈추어서 큰 사고로 이어지지는 않았어요. 하라는 구명조끼를 가져와 프랭키와 몽테에게 주었어요.

그런데 이상한 일이 생겼어요. 이제 안전해졌는데도 프랭키의 눈이 핑핑 돌고 머리에서 김이 나는 거예요.

몽테는 그런 프랭키를 보며 킥킥거렸어요.

"키키킥, 이제 멀지 않았군."

"그게 무슨 말이야? 대체 내가 왜 이러는 거지? 빨리 목적을 말해! 그렇지 않으면 멀미약을 주지 않을 테니까."

프랭키가 몽테의 멱살을 꽉 쥐었어요.

"윽, 치사하군. 그렇다면 말해 주마. 프랭키 네가 괴물이라는 사실은 이미 우리 조직에서 파악하고 있지. 네가 불안에 쌓이면 진짜 무시무시한 괴물로 변해서 날뛸 거라는 것도 말이야. 그러면 사람들은 더 혼란스러워질 테고 사고가 더 커지겠지. 사람들이 혼란에 빠질수록 우리 정크 조직이 지구를 정복하기 쉬우니까 너희들을 뒤쫓으며 안전 불감증 바이러스를 퍼뜨리고 있었던 거야."

"뭐? 내가 위험한 존재라고?"

프랭키는 믿어지지 않았지만 스스로 제어할 수 없는 몸의 변화를 느끼고 침울해졌어요. 교통사고보다 자기가 더 문제라는 건 한 번도 생각해 본 적이 없었거든요.

"괜찮아, 프랭키. 안전 수칙만 잘 지키면 돼. 그렇게 불안해하지 않아도 된다고."

하라는 프랭키를 안심시켜 주었어요.

하라는 프랭키에게 멱살이 잡혀 얼굴이 발갛게 달아오른 몽테에게 멀미약을 내밀었어요.

"자, 너도 멀미약 먹어. 하는 짓은 나쁘지만 아픈 사람을 모른 척할 수는 없지. 그리고 정크 조직의 뜻대로 되진 않을 거야. 사람들은 교통안전 규칙을 철저히 지킬 테니까."

"흥, 과연 그럴까? 교통사고야말로 사람들이 가장 많이 일으키는 사고지. 정크 조직의 세계 정복은 곧 이루어질 거야. 두고 보라고."

몽테는 멀미약을 받아 입에 털어 넣고는 냉큼 달아났어요. 몽테가 한 말 때문에 프랭키는 더욱 기가 죽었어요. 정말 몽테 말처럼 될 것 같았거든요.

"프랭키 걱정 마, 너의 교통사고 염려증이 안전 불감증 바이러스를 막아 줄 거야. 그리고 나는 우리 학교 안전 지킴이라고!"

하라가 프랭키의 손을 꽉 잡았어요. 프랭키는 따뜻한 온기에 불안한 마음이 가라앉는 걸 느꼈어요.

안개가 서서히 걷히고 승객들이 옮겨 탈 배가 도착했어요. 승객들이

프랭키의 교통안전 수첩

선박 사고의 원인은 충돌, 좌초, 화재, 폭발, 침수, 침몰 등 다양해요. 이러한 사고가 발생하면 당황하지 말고 안내 방송이나 승무원의 안내에 따라 질서 있게 대피해요.

충돌 항해 중이거나 정박 중에 다른 선박과 부딪치는 사고
좌초 선박 밑부분이 암초, 해저에 닿거나 얹혀 움직일 수 없게 되는 사고
화재, 폭발 선박에 불이 나는 사고
침수 선박이 물에 잠기는 사고
침몰 기상 악화, 선체 균열 등으로 배에 물이 차서 가라앉는 사고

선박 사고가 발생했다면?

✔ 즉시 큰 소리로 상황을 알리거나 비상벨을 눌러 사고 발생을 알립니다.
✔ 구명정, 구명조끼의 위치를 확인하고 승무원의 안내 방송에 귀 기울이며 탈출을 대비합니다.
✔ 선실 및 의자 밑에 보관된 구명조끼를 입고 선장이나 승무원 지시에 따라 탈출합니다.

물 위에 뛰어들었다면?

✔ 잎새뜨기 수영으로 최대한 움직임을 줄여 열 손실과 체력 저하를 막습니다.
✔ 다른 사람과 팔짱을 끼고 머리와 허리는 최대한 세운 상태에서 무릎을 들어 올려 체온 손실을 방지합니다.

모두 안전하게 옮겨 타자 배가 서서히 움직였어요.

시간이 흐르고 어느새 한국 땅이 보이기 시작했어요.

"우와, 드디어 우리나라가 보인다!"

하라는 큰 목소리로 외쳤어요.

하지만 프랭키는 불길한 예감에 몸을 부르르 떨었어요.

하라가 알려 주는
교통안전 수칙

🚫 비행기 안전 수칙

안전띠는 생명 띠

비행기는 이륙하고 착륙할 때 심하게 흔들려요. 운항 중에도 비행기가 흔들릴 수 있는 여러 가지 상황이 생길 수 있어요. 안전띠를 착용하지 않으면 몸이 흔들려 넘어지거나 머리를 부딪쳐 다칠 수 있어요.

편안한 복장

비행기를 탈 때는 편안한 옷을 입는 게 좋아요. 몸을 조이는 옷은 움직일 때 불편할 수 있고 건강에도 좋지 않아요. 비상 상황이 생겼을 때도 움직이기 좋은 신발을 신고 대기해야 해요.

승무원의 안내 잘 듣고 따르기

승무원의 안내는 사고가 생겼을 때 가장 필요한 내용들이에요. 비상시 산소마스크를 쓰거나 비상 탈출할 수 있는 방법을 알려 주는 것이므로 딴짓을 하지 말고 잘 보고 익혀야 해요.

위험 물질 반입 금지

비행기에 가지고 탈 수 없는 품목이 있어요. 칼이나 날이 있는 면도기, 불이 붙을 수 있는 물질 그리고 총 1ℓ를 넘는 액체나 젤류 모두 안 돼요.

🚫 해상 교통안전 수칙

🌱 배 안에서 주의할 점
- 통로나 탈출로에 개인 물품을 놓지 않아요.
- 배에 타서는 선내 안전 교육을 받아요.
- 위험한 경우를 대비하여 구명조끼의 사용법과 보관 장소 등을 확인해요.
- 비상 탈출 경로와 비상벨의 위치를 미리 확인해요.

🌱 배 안에서 하지 말아야 할 행동
- 기계와 장치를 함부로 작동하지 않아요.
- 출입 통제 구역에는 절대 들어가지 않아요.
- 갑판에서 뛰거나 난간에 기대지 않아요.
- 구명보트 등 구명 설비를 만지지 않아요.

🌱 구명조끼 사용법

목걸이형
- 구명조끼에 머리를 집어넣어 목에 끼워요.
- 구명조끼 벨트를 허리에 둘러요.
- 버클을 확실하게 채운 후 몸에 꼭 맞게 벨트를 조여요.

조끼형
- 조끼를 입어요.
- 가슴 끈을 조여서 매듭이 풀리지 않게 맨 뒤, 허리 끈을 당겨 몸에 한 바퀴 돌리고 단단히 묶어요.
- 버클을 확실하게 채운 뒤 몸에 꼭 맞게 벨트를 조여요.

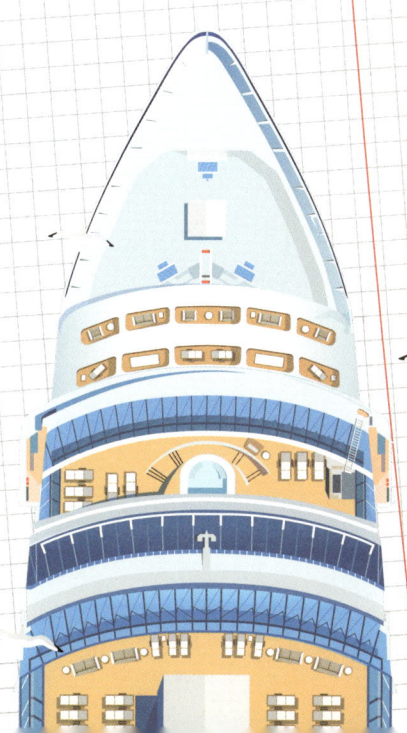

비행기나 배에서 사고가 났을 때 탑승자에게 가장 필요한 것은?

사고가 나면 누구나 불안감을 느끼고 우왕좌왕하게 돼요. 이럴 때 서로 먼저 나가려고 한다면 출입구가 막혀서 더 큰 사고로 이어질 수 있어요.

비행기나 배를 타면 항상 승무원들이 앞에서 비상구를 알려 주고 구명조끼 사용법 등 안전 규칙을 보여 주는데, 친구들과 이야기를 하거나 다른 행동을 하면서 안전 교육을 지나치면 어떻게 될까요?

사고가 났을 때 안전 규칙을 제대로 지키지 않고 당황해서 무조건 빨리 탈출하려고 하면 어떻게 될까요?

다음 항공 사고를 예로 들어 볼게요.

1996년 11월23일, 에티오피아 항공 961편이 납치범 3명에게 폭탄 위협을 받으며 납치당했어요. 납치범들과 격투가 벌어지면서 가까운 해변에 비상 착륙을 시도했어요. 하지만 항공기는 비행 속도 충격을 이기지 못해 날개가 파손되면서 바다로 떨어지고 말았어요.

비상 착륙을 한 곳은 휴양지 주변이었기 때문에 관광객과 현지인들이 재빨리 구조 활동에 나섰어요. 당시 휴양을 즐기고 있던 의사도 있어서 신속하게 응급조치를 받을 수도 있었죠. 그런데 무려 125명의 사망자가 발생했어요. 총 인원 178명 중 대부분의 인원이 끔찍한 사고를 당한 것이에요. 원인이 뭐냐고요?

사람들은 너무 당황한 나머지 승무원의 지시를 따르지 않고 항공기를 탈출하기 전에 구명조끼를 부풀렸어요.
이 때문에 내부 공간이 좁은 비행기 안에서 이동할 공간이 부족했고, 점점 항공기 안으로 밀려드는 바닷물에 의해 많은 사람들이 탈출하지 못하고 생명을 잃고 만 거예요.
사람들이 승무원의 지시를 잘 듣고 탈출한 뒤에 구명조끼를 부풀렸다면 많은 사람들이 살 수 있었기에 더욱 안타까운 사고로 기록되었답니다.

막상 사고가 나면 누구나 당황하기 마련이에요. 그래도 침착함을 잃지 않고 안내 사항을 따라 행동하면 피해를 최소화할 수 있어요. 여러분은 비행기나 배를 타게 됐을 때 기본적인 안전 수칙을 잘 지키고 있나요? 만약 잘 지켜지지 않는다면 어떤 이유 때문인지 생각해 보아요.

걱정 뚝! 안전 짱! 퀴즈

비행기나 배에 문제가 생겼을 때 가장 먼저 해야 할 일은 무엇인가요?

1. 안내원의 말을 잘 듣고 지시하는 대로 따른다.
2. 빠르게 문을 열고 뛰어내린다.
3. 일어나서 구해 달라고 소리를 지른다.
4. 안전해 보이는 구석에 숨는다.
5. 내 마음대로 재빨리 움직인다.

비행기나 배에 문제가 생겼을 때는 가장 먼저 안내원의 말을 잘 듣고 지시에 따라야 해요. 탈출 시에는 당황하지 말고 침착하게 움직이는 것이 중요해요. 바다에 뛰어들었을 때 몸의 체온이 낮아지는 저체온증이 올 수 있어요. 체온이 계속 떨어지면 위험해지기 때문에 바다에 떠 있는 물체에 기대어 몸을 최대한 많이 드러내고 여럿이 함께 체온을 나누어야 해요.

지하철 안전 규칙을 익혀요

배가 인천항 국제 여객 터미널로 들어서자 사람들이 짐을 챙겨서 서둘러 내렸어요. 프랭키도 사람들을 비집고 들어가며 말했어요.

"나도 빨리 내릴래. 다시 멀미가 생기려고 그래."

"프랭키, 비행기에서도 그러더니 벌써 잊었어? 안전을 지킨다더니 급하니까 생각이 안 나는 거야? 그럴 때일수록 조심해야지. 줄을 서고 앞쪽부터 차례차례 내리면 돼."

"아 참, 또 그랬네. 알았어. 참아 볼게."

하라와 프랭키는 차례를 지키며 배에서 내렸어요.

"하라야, 여기야, 여기!"

사람들 틈에서 노란 조끼를 입은 아주머니가 뛰어왔어요. 바로 하라의 엄마 한성미 씨였어요. 한성미 씨는 하라가 다니는 초등학교 녹색학부모회 회장을 맡고 있어요. 그만큼 교통안전이라면 자다가도 벌떡 일어날 정도로 안전 규칙을 철저히 지키는 사람이었답니다.

"웰컴 투 코리아! 안전 대한민국에 온 걸 환영한다!"

한성미 씨가 프랭키를 꽉 껴안았어요. 프랭키는 왠지 모르게 오싹한 느낌이 들었어요. 하라 이상으로 교통안전에 대해 잔소리를 늘어놓을 것 같았지요. 일단 옷차림부터 눈에 띄었어요.

하라는 한성미 씨를 보고 얼굴을 찌푸렸어요.

"엄마, 창피하게 여기까지 교통안전 조끼를 입고 오면 어떡해요."

"아빠한테 얘기 다 들었단다. 프랭키가 교통사고 염려증에 시달린다면서? 규칙을 잘 지키면 교통수단이 얼마나 편리하고 안전한지 보여 주려고 일부러 조끼를 입고 왔지. 창피한 건 한순간이지만 교통안전은 영원하단다."

그 말과 동시에 한성미 씨는 호루라기를 불었어요.

'<u>호르르르르</u>.'

한성미 씨는 사람들이 모두 바라보자 한쪽 팔을 번쩍 들며 "교통안전!"이라고 외쳤어요.

사람들이 웃으며 지나가자 하라는 고개를 푹 숙이고 물었어요.

"정말 못살아. 얼른 집에 가요. 차는 어디 있어요?"

"차보다 대중교통을 이용하는 게 좋을 것 같아 안 가져왔어. 프랭키, 프랑켄 마을에는 지하철이 있니?"

"지하철이요? 기차는 있지만 지하철은 없어요. 하지만 인터넷으로 대한민국의 지하철이 지옥철이라는 건 알고 있어요."

"지옥철은 예전 말이야. 요즘은 얼마나 좋아졌다고. 일단 타 보면 알 거야."

"그런데 잠깐만요. 지하철은 땅속으로 가는 거잖아요. 저는 땅속에 들어간 적이 없는걸요. 그러다가 땅이 무너지면 어떡해요? 지하철에서 불이 나면요? 대한민국 대구에서 지하철 화재 사건이 있었잖아요."

프랭키가 벌벌 떨며 말했어요.

"맞아, 정말 안타까운 일이었지. 그때 일을 생각하면 너무 가슴이 아프단다. 하지만 그 사고를 계기로 재발 방지를 위한 많은 노력을 기울였기에 이제는 충분히 안전해."

"맞아, 너무 겁먹지 마. 프랭키, 가자!"

하라와 프랭키는 한성미 씨를 따라 지하철역으로 걸어갔어요. 그러나 그 뒤를 검은 그림자가 쫓고 있는 것은 아무도 눈치채지 못했지요.

프랭키는 에스컬레이터를 이용하기 위해 사람들을 따라 한 줄로 섰어요. 어떤 사람은 바쁜지 막 뛰기도 했어요. 한성미 씨가 또 호루라기를 불었어요.

"여러분, 에스컬레이터에서는 절대 뛰면 안 돼요. 다른 사람들에게 피해를 주는 행동을 해서는 안 되겠죠?"

바쁘게 뛰던 사람이 쭈뼛거리면서 멈춰 섰어요.

"프랭키, 옆에 있는 손잡이를 꼭 잡아."

"응, 그런데 생각보다 에스컬레이터가 흔들리지 않아서 손잡이를 안 잡아도 될 거 같아."

"안 돼! 괜찮다고 생각하는 게 바로 안전 불감증이야. 누군가 지나치며 건들 수도 있고 발이 끼일 수도 있으니까 손잡이는 꼭 잡아야 해."

그때였어요. 뒤에서 몽테가 풍선을 이용해 안전 불감증 바이러스를 퍼뜨리려고 하지 뭐예요!

하지만 한성미 씨한테 딱 걸렸죠.

"얘, 지하철역에 풍선이나 긴 막대를 가지고 들어가면 안 돼. 선로 위 고압선에 풍선이나 막대가 닿으면 사고가 날 수 있어."

몽테는 지하철 안으로 들어가지 못하고 밖으로 나갈 수밖에 없었죠.

"어? 쟤 몽테 아냐?"

하라가 알아챘을 때는 이미 몽테가 사라진 뒤였어요. 하지만 안전 불감증 바이러스가 어느새 사람들 사이로 퍼졌던 모양이에요.

"이런, 열차가 도착했네. 지나갑시닷!"

에스컬레이터에 서 있던 아저씨가 갑자기 사람들을 밀치며 빨리 가려고 했어요. 그러자 다른 사람들도 모두 덩달아 움직이기 시작했지요.

"여러분, 열차 문이 닫힐 때는 무리해서 타지 말고 다음 열차를 기다리세요."

한성미 씨가 사람들을 말렸지만 소용없었어요.

아저씨는 문이 닫히려는 열차에 무리하게 올라탔다가 그만 몸이 끼이고 말았어요. 그런데 끼임 사고를 감지하지 못했는지 열차가 출발하려고 하지 뭐예요!

그 모습을 본 프랭키는 두 눈을 질끈 감고 소리를 질렀어요. 한성미 씨와 하라가 얼른 달려들어 아저씨를 잡아당겼어요. 다행히 아저씨가 문밖으로 끌려 나왔어요.

"아저씨는 지하철 안전 규칙도 모르시는 거예요? 무리하게 타시면 어떡해요! 노란색 안전선 뒤에서 기다리다가 열차에서 사람이 내린 뒤에 타셔야죠!"

한성미 씨가 잔소리를 퍼붓는 사이 아저씨에게서 안전 불감증 바이러스가 사라졌어요.

"아이쿠, 내가 급하다고 제정신이 아니었네요. 이제부터는 꼭 지하철 안전 규칙을 지키도록 할게요."

아저씨는 인사를 하고 앞쪽으로 걸어갔어요.

주위에 있던 사람들도 정신을 차리고 한성미 씨에게 박수를 보냈어요. 몽테가 퍼뜨린 안전 불감증 바이러스가 사라졌나 봐요.

프랭키는 모르는 사람에게도 교통안전을 외치는 한성미 씨가 대단해 보였어요.

한성미 씨가 프랭키를 보고 물었어요.

"프랭키, 괜찮니? 얼굴이 붉어진 거 같아."

"노, 놀라서 그래요. 그런데 예전에 대구에서 그랬던 것처럼 지하철에 불이 나면 어떡해요?"

"그건 걱정 마. 이것 봐. 화재와 여러 가지 재난에 대비하기 위해 역마다 안전 장비가 구비되어 있어. 전화로 역무원과 연락할 수 있고 지하철 안에도 소화기가 준비되어 있다고."

하라가 설명하는 사이 지하철이 들어왔어요.

"프랭키, 사람들이 내리면 타고 열차와 승강장 사이에 발이 빠지지 않도록 조심해."

발아래를 살피며 지하철을 탄 프랭키가 몸에 기운이 빠져 자기도 모르게 문에 기대어 섰어요.

"프랭키, 문에 기대면 절대 안 돼."

프랭키의 교통안전 수첩

교통안전, 시민만 주의해야 할까?

2016년부터 2018년 9월까지 지하철 안전사고는 1661건 발생했어요. 가장 많이 일어나는 사고는 열차 출입문 끼임 사고이고, 그다음은 지하철이나 승강장에서 넘어지는 사고와 에스컬레이터 사고 순이에요. 또한 차량과 승강장 틈에 끼이거나 물건을 떨어뜨리는 사고 등 작은 사고도 많이 일어나고 있어요. 빨리 가기 위해서 지하철 문이 닫힐 때 억지로 타려고 하거나 스마트폰을 쓰며 부주의하게 걷는 것이 사고의 원인이에요. 지하철 안전사고는 언제 어디서 일어날지 모르기 때문에 모두의 주의가 필요해요.

대한민국에서 철도 관련으로 가장 많은 인명 피해를 기록한 사고가 바로, 대구 지하철 참사예요. 192명이 사망한 사건이었지요. 이 사고로, 철도 안전의 중요성을 깨닫게 되면서, 여러 가지 조치가 취해졌어요. 유독성 가스의 원인으로 지목된 가연재 시트를 모두 알루미늄으로 바꾸었고, 이후로 제작되는 신형 차량에는 난연재(불에 잘 타지 않는 재료)가 사용된 시트가 채택되었어요. 또 인공 암반이 화재 시 유해 물질을 발생시키고 울퉁불퉁한 재질 때문에 연기가 발생했을 때 대피하던 시민이 다칠 수 있다는 이유로 모두 철거했어요.

또한 유사 상황을 가정한 대피 훈련이 정기적으로 이루어지고, 비상시 문 개방 방법도 크게 제작해서 문 바로 옆 좌석에 붙였지요. 뿐만 아니라 운영 중인 모든 철도 회사들은 '잊지 말자 대구 지하철 참사'라는 글을 사무실, 공문, 포스터 등에 항상 적어 넣음으로써 경각심을 부각시키고 있답니다.

"아, 알았어."

프랭키는 하라 말대로 출입문에서 등을 떼도 손잡이를 잡았어요.

지하철은 조용하고 빨랐어요. 프랭키는 안전한 지하철 속에서 편안함을 느꼈어요. 그때 프랭키 배에서 꼬르륵 소리가 났어요.

"하라야, 나 배고픈데 가방에 들어 있는 샌드위치 좀 먹어도 될까? 멀미 때문에 뭘 제대로 먹지 못했어."

"노, 노, 노. 지하철에서 음식물을 먹는 건 안 돼. 다른 사람에게 피해를 주기도 하지만 위험 상황에서 대피하기 어려울 수 있으니까. 사탕 정도는 괜찮으니까 이걸로 참아 봐."

"알았어. 배고픈 것보다 안전 규칙이 먼저니까."

프랭키는 사탕을 입에 넣었어요. 달콤함이 입안 가득 퍼졌어요. 그렇게 프랭키가 지하철의 편안함에 익숙해질 무렵 한성미 씨가 말했어요.

"이제 여기서 내려서 버스로 갈아탈 거야."

"버스를 탄다고요? 도로에서는 교통사고가 정말 많이 일어난단 말이에요."

프랭키는 지하철에서 내리고 싶지 않았지만 한성미 씨와 하라의 무서운 얼굴을 보고 내리지 않을 수 없었어요.

바들바들 떨며 지하철역을 나온 프랭키는 도로에 가득한 차들을 보며 정신이 어찔해졌어요.

 버스 사고를 예방해요

프랭키는 버스 정류장 의자에 앉아서 투덜거렸어요.

"버스는 안 탈 거예요. 어렸을 적 엄마랑 버스 타고 가다가 추돌 사고가 날 뻔했단 말이에요."

"버스 사고를 당할 뻔해서 교통사고 염려증이 생겼던 거구나."

하라가 투덜거리는 프랭키의 어깨를 토닥였어요.

"갑자기 튀어나온 오토바이 때문에 버스가 급정거를 했거든. 그 때문에 앞좌석에 머리를 부딪쳐서 내 나사가 깨져서 떨어져 나갔다고. 원래 나사만 안 깨졌어도 미스터 프랑켄 대회에 나갈 정도로 완벽한 괴물 모습이었을 텐데."

하라와 한성미 씨는 서로 마주 보고 살짝 웃었어요. 프랭키의 자화자찬이 조금 귀여웠거든요. 한성미 씨가 프랭키를 보고 말했어요.

"프랭키, 그런 일이 있었구나. 그렇다고 여기서 우리 집까지 걸어갈 수는 없어. 너무 멀고 힘들거든. 한 번 타 보면 버스가 얼마나 안전한지 알 수 있을 거야. 내 손을 꼭 잡으렴. 그리고 지금 네 머리에 꽂힌 나사도 멋있어."

"세이프 소년단을 생각해 봐. 네가 교통수단 체험을 해야 갈 수 있단 말이야. 특히 버스는 우리가 자주 타는 교통수단인데 타지 않는다면 콘서트에 못 갈걸? 그리고 너, 지금 보니까 세이프 소년단 멤버 RA 닮은 거 같아."

"정말? 아, 버스 왔다."

프랭키가 일어나더니 도로로 내려섰어요. 하라가 깜짝 놀라서 프랭키를 잡아당겼어요.

"잠깐! 차도에 내려서면 안 돼. 정류장에서 기다리다가 버스가 완전히 멈춘 뒤에 순서대로 타야 해."

"미안, 빨리 타려고 나도 모르게 그랬어."

프랭키가 머리를 긁적였어요.

잠시 뒤 하라네 집으로 가는 버스가 정류장에 멈췄어요.

"완전히 멈추었으니 앞문으로 타면 되지?"

프랭키가 조심스럽게 올라가려는데 누군가 후다닥 앞문으로 뛰어내렸어요. 뛰어내리던 아이와 부딪혀 프랭키가 나동그라졌어요. 한성미 씨가 호루라기를 급하게 불고 소리쳤어요!

"버스를 탈 때는 앞문으로, 내릴 때는 뒷문을 이용해야지!"

하지만 그 아이는 벌써 사라진 뒤였지요.

"어? 저 아이는 몽테 아냐? 프랭키, 너 괜찮아?"

"응. 조금 어지럽지만 괜찮아."

프랭키는 머리를 빙빙 돌리며 버스에 올라탔어요. 곧 버스가 출발했어요. 하라가 위태롭게 서 있는 프랭키에게 말했어요.

"자리가 없으니까 손잡이라도 꼭 잡아."

"싫은데? 덜컹덜컹 버스, 재밌어."

"뭐라고? 프랭키, 버스에 서 있을 때에는 손잡이를 꼭 잡아야 돼."

하라의 말에도 프랭키는 손잡이를 잡지 않고 몸을 이리저리 흔들었어요. 하라와 한성미 씨는 다음 정류장에서 자리가 나자 프랭키를 서둘러 자리에 앉혔어요.

그러자 프랭키가 창문을 열고 고개를 내밀었어요.

"우와, 시원하다."

깜짝 놀란 하라와 한성미 씨가 프랭키를 버스 안으로 잡아들이고 창문을 닫았어요. 프랭키는 하차 벨을 누르며 또 장난을 쳤어요.

"엄마, 아무래도 아까 버스 탈 때 안전 불감증 바이러스에 옮은 거 같아요. 프랭키의 교통사고 염려증이 줄어들면서 버스에서 지켜야 할 안전 규칙을 어기는 게 분명해요."

"이런, 큰일이네. 어떡하지! 일단 움직이지 못하게 잡고 있어 보자."

하라와 한성미 씨는 프랭키를 꼭 잡았어요. 그 와중에도 프랭키는 창밖을 보느라 계속 두리번거렸죠.

얼마 뒤 하라네 동네 정류장에 도착했어요.

"프랭키, 이제 내려야 돼."

"다 왔다. 야호!"

프랭키는 버스 문이 열리자마자 주위도 살펴보지 않고 내렸어요.

바로 그때, 끼이익 소리와 함께 오토바이가 멈춰 섰어요. 하마터면 사고가 날 뻔했지 뭐예요.

그 순간 프랭키는 안전 불감증에서 깨어났어요. 다치지는 않았지만 정신이 들면서 공포가 되살아났어요. 뒤따라 내린 하라가 프랭키를 정류장 의자에 앉히며 진정시켰어요.

"프랭키, 이제 괜찮아. 하지만 버스에서 내릴 때는 오토바이나 자전거가 오는지 잘 살펴야 해."

"내가 정신이 이상했던 것 같아. 왜 그랬을까?"

"이게 다 몽테 때문이야. 너의 교통사고 염려증이 조금씩 나아지니까 안전 불감증 바이러스의 영향을 받게 되나 봐."

"내가 교통 규칙을 어기다니 말도 안 돼. 정크 조직 정말 못됐어. 몽

테도 잡히기만 하면 가만 안 둘 거야."

프랭키는 화가 나서 열이 확확 올랐어요. 그 바람에 머리에서 김이 푹푹 솟았지요. 한성미 씨가 프랭키를 달랬어요.

"진정하고 일단 집에 가서 생각해 보자."

한성미 씨는 프랭키를 데리고 집으로 향했어요. 하라네 집은 아파트였어요. 아파트 단지 안의 도로를 지나 하라가 살고 있는 동 앞에 도착했어요.

그와 동시에 태권도 학원 통학 차량이 정류장에 멈추어 섰어요. 인솔 교사 선생님이 문을 열자 귀여운 남자아이가 내렸어요. 하라 남동생 준수였지요.

"준수야, 태권도 학원 캠프는 잘 갔다 왔어?"

"응. 통학 버스에서 안전띠도 잘 매고, 차창 밖으로 얼굴, 손, 물건도 내밀지 않았어. 누나, 나 잘했지?"

"정말 대단한데! 어린이 통학 버스 사고가 심심치 않게 일어나지만 교통안전 규칙을 잘 지키면 줄일 수 있을 거야."

"나 통학 버스 안전 규칙 꼭 지킬 거야. 나는 우리 학원의 안전 왕이니까!"

프랭키는 어린 준수가 하는 말을 듣고 부끄러워졌어요.

"으아앙, 어린아이들도 다 알고 지키는 걸 내가 어긴 거야? 창피해서 세이프 소년단을 어떻게 봐!"

준수가 다가와 프랭키 손을 잡고 흔들었어요.

"자꾸 하다 보면 나아질 거야. 내가 알려 줄게. 그 대신 나 업어 줘!"

"뭐라고?

프랭키는 준수의 당돌한 말에 오랜 세월 묵혀져 있던 교통사고 염려증이 스르르 풀리는 느낌이 들었어요.

"걱정 마, 형. 어린이 안전 왕이 교통안전 수칙을 가르쳐 줄게."

으스대는 준수를 보고 모두 함께 웃었어요.

프랭키의 교통안전 수첩

어린이 통학 버스 사고

한국 교통 연구원의 통계에 따르면 어린이 통학 버스 사고 건수는 2014년 31건에서 2017년 103건까지 증가했다가 2018년에는 84건으로 감소했어요. 사망자 수는 이 기간 동안 1~2명 내외로 유지되고 있지만 부상자 수는 2014년 55명에서 2018년 124명으로 늘었어요. 목숨을 잃지 않더라도 통학 버스 사고로 다치는 어린이들이 많다는 뜻이에요.

구분	2014년	2015년	2016년	2017년	2018년	증가율
사고 건수	31	50	38	103	84	171.0%
사망자 수	2	3	1	0	1	-50.0%
부상자 수	55	67	59	155	124	125.5%

자료: 도로 교통 공단

버스 사고에서 탈출하기

버스에서 사고가 나면 부모님이나 보호자에게 먼저 알리세요. 사고가 난 곳을 떠나지 말고 어른들이 와서 확인할 때까지 기다려요. 사고가 나면 놀라고 무서워서 어떻게 해야 할지 모를 수 있지만 당황하지 말고 침착해야 해요. 사고에 잘 대처하기 위해서는 평소에 대처 방법을 알아 두면 좋겠죠?

하라가 알려 주는 교통안전 수칙

🚫 통학 버스 안전 수칙

- 🌱 통학 버스 이용 시 미리 나와서 기다리고 차량 탑승 시 뛰지 않아요.
- 🌱 통학 버스가 올 때 차도로 내려서지 말고, 인도에서 두세 걸음 뒤로 물러나 기다려요.
- 🌱 통학 버스가 멈춰서 문이 열리고 운전자가 타라고 할 때까지 차에 다가가면 안 돼요.
- 🌱 버스 뒤나 좌우는 운전자가 잘 볼 수 없는 사각지대이므로, 가까이 다가가지 않도록 해요.
- 🌱 통학 버스에 탑승하면 내릴 때까지 안전띠를 반드시 매고 있어야 해요.
- 🌱 통학 버스에 탑승하면 조용히 하고 자리를 옮겨 다니지 마세요.
- 🌱 통학 버스에서 내릴 때에는 차량이 멈춘 것을 확인한 뒤에 일어서요.
- 🌱 통학 버스에서 내리고 난 뒤에는 버스로부터 서너 걸음 물러나요.
- 🌱 통학 버스에서 내린 뒤에 차량 앞 또는 차도로 가지 않아요.
- 🌱 통학 버스에 타고 내릴 때 옷, 가방 등이 버스에 끼지 않도록 조심해요.

🚫 세림이법이 뭐예요?

2013년 충북에서 김세림 양(당시 3세)이 자신이 다니는 어린이집 통학 차량에 치여 목숨을 잃은 사건 이후 도로 교통법이 바뀌었어요. 학원 또는 체육 시설에서 운영하는 통학 버스에 보호자가 의무적으로 함께 타게 했지요. 2015년 1월 29일부터 시행되었어요.

세림이법의 주요 내용

🌱 **어린이 통학 버스는 꼭 신고 의무화**
13세 미만 어린이를 대상으로 하는 교육 시설에서 어린이를 통학시키는 차량을 운영할 경우 경찰서장에게 반드시 신고해야 해요.

🌱 **운전자는 승차한 어린이가 안전띠를 모두 맨 뒤에 출발하도록 의무화**
생명을 지키는 안전띠를 매지 않고 출발하면 벌금을 내야 해요.

🌱 **어린이들이 안전한 장소에 도착한 것을 꼭 확인하고 출발**
보도나 길 가장자리 구역 등 자동차로부터 안전한 장소에 도착했는지 확인해야 해요.

🌱 **어린이 통학 버스 하차 확인 장치인 슬리핑 차일드 체크를 의무적으로 설치**
운전자가 통학 차량 맨 뒷좌석에 설치한 버튼을 눌러야 차량 시동을 끄고 문을 닫을 수 있도록 하는 시스템을 설치해야 해요. 몸집이 작은 아이들이 자고 있다면 운전석에서 확인을 못 하고 차문을 닫아 버릴 수 있기 때문에 맨 뒷좌석에 설치하는 거예요.

토론왕 되기!

우리나라 대중교통은 안전할까?

우리 생활에서 없으면 안 되는 것이 바로 대중교통이에요. 우리가 자주 이용하는 만큼 대중교통 사고도 끊이지 않고 있어요. 많은 사람들이 이용하는 대중교통은 더더욱 안전해야 하는데 말이에요. 비행기, 선박, 기차, 지하철, 시내버스 등 대중교통 사고는 이용자의 부주의에 의해서 일어나기도 하지만, 시설 관리에 문제가 생겨서 사고가 날 수 있어요.

안전 불감증으로 시설 점검을 제대로 하지 않거나 교통안전 규칙을 제대로 지키지 않는다면 대형 사고로 이어질 수 있기 때문에 더더욱 주의를 기울여야 해요.

2003년 340여 명의 사상자가 발생한 대구 지하철 화재 참사. 직접적인 사고 원인은 세상을 비관한 한 남자의 방화 때문이었지만, 더 큰 사고로 번진 것은 바로 반대 방향으로 진행중이던 열차가 상황을 모른 채 정차했기 때문이에요. 기관사는 대피하라고 안내했지만 일부 차량에서는 문이 안 열렸고, 승객들은 수동으로 문을 여는 방법을 몰라 열차에 그대로 갇혀 참사를 당한 거예요. 게다가 기관사가 열차의 마스터키까지 갖고 내리면서 문을 열 방법을 놓쳐 버렸지요.

이후 지하철 안전사고를 방지하기 위해 대대적인 정비 체계를 갖추었어요. 그렇지만 아무리 완벽한 안전 장치가 마련되어 있더라도 우리가 안전 수칙을 지키지 않으면 소용이 없어요.

 버스나 지하철 안에서는 반드시 손잡이를 잡고 있어야 돼.

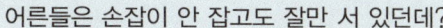 어른들은 손잡이 안 잡고도 잘만 서 있던데?

 그건 어른들이지. 우리 어린이들은 균형 못 잡고 넘어질 수 있으니까 손잡이를 잡고 있어야 된다고.

어휴, 손잡이 잡기 싫은데. 그럼 지하철 문에 기대는 건 괜찮지?

 지하철 문은 역마다 문이 열리는 방향이 바뀌어. 그렇게 기대어 있다가 갑자기 확 열리면 넘어진다고.

하지만 손잡이 잡을 데가 없으면 어떡해?

 지하철 노약자석은 우리 어린이도 앉을 수 있어. 물론 우리보다 더 약한 할머니, 할아버지한테는 양보해야겠지만.

이렇게 일일이 안전 수칙을 지킬 바에야 집에 있는 게 더 낫겠어!

 안전 수칙만 잘 지키면 전국 어디든 마음먹은 대로 편하게 다닐 수 있는데? 네가 좋아하는 세이프 소년단 공연도 보러 갈 수 있고.

대중교통을 이용하면서 지켜야 할 안전 수칙이 많아서 오히려 불편하다고 생각한 적은 없나요? 우리 어린이들 입장에서 꼭 지켜야 할 교통안전 수칙은 무엇인지 함께 생각해 보아요.

걱정 뚝! 안전 짱! 퀴즈

버스를 타는 올바른 방법은 어떤 것일까요?

1 버스에서 내릴 때는 먼저 일어나서 대기한다.

2 버스가 멈춰 서기 전에 함부로 달려들지 않는다.

3 버스에서 내릴 때 문이 열리면 재빨리 내린다.

4 버스 안에 사람이 많지 않으면 여기저기 자리를 옮겨도 된다.

5 버스를 탈 때 문이 열리면 무조건 빨리 탄다.

시외를 달리는 버스나 고속버스에서는 안전을 위해 안전띠를 매야 하는데 반해, 시내를 달리는 버스에는 안전띠가 달려 있지 않아요. 시내버스는 정류장 사이의 간격이 짧아서 차량의 속도가 빠르지 않고, 안전띠를 매면 사람들이 타고 내리는 데 효율적이지 않기 때문이에요. 비록 안전띠는 없지만 손잡이를 꼭 잡고 시내버스에서 지켜야 할 교통 규칙을 지켜서 사고를 예방할 수 있도록 해요.

🚦 승용차를 탈 때도 지켜야 할 게 있어요

다음 날, 금 박사가 임무를 마치고 집으로 돌아왔어요. 금 박사는 프랭키의 어깨를 토닥이며 용기를 주었어요.

"프랭키, 걱정했는데 잘 왔구나. 정크 조직은 대부분 붙잡았으니 걱정하지 말고 교통안전 규칙을 지키면서 교통수단을 더 타 보렴."

"네. 하라랑 아주머니가 알려 준 대로 교통안전 규칙을 지키면 사고를 예방할 수 있을 것 같아요. 하지만 아직 무서워요. 하마터면 버스에서 사고가 날 뻔했거든요."

프랭키가 몸을 부르르 떨었어요.

"정크 조직은 도대체 왜 우리나라에 와서 안전 불감증 바이러스를 뿌리고 다니는 거예요?"

하라가 오른손 주먹으로 왼쪽 손바닥을 탁탁 치며 불퉁거렸어요.

"세상을 혼란에 빠뜨린 다음 자기네들이 정복하려는 속셈이지. 혼란을 주기 가장 쉬운 게 교통사고거든. 조금만 방심해도 금방 사고가 나니까. 그러니까 우리는 무얼 지켜야 한다고?"

금 박사가 묻자 하라, 준수, 한성미 씨가 다 같이 손을 들고 외쳤어요.

"교. 통. 안. 전. 규. 칙!"

큰 소리에 프랭키의 나사가 삐그덕 소리를 내며 돌아갔어요. 적어도 하라네 집에서는 안전 불감증이 퍼질 수 없을 것 같았어요. 프랭키는 마음이 편안해지면서 빙그레 웃음이 났어요. 정크 조직도 숨어 있느라 활동을 하지 못할 테니까 더 안심이 되었고요. 물론 몽테 녀석이 걱정이긴 했지만 몽테도 하라에게는 꼼짝하지 못할 거예요.

기분이 좋아진 프랭키도 손을 들고 외쳤어요.

"교. 통. 안. 전!"

프랭키까지 구호를 외치고 나자 금 박사가 손뼉을 치며 기분 좋게 말했어요.

"프랭키도 왔으니까 우리 오랜만에 야외로 나들이 갈까?"

"좋아요. 나는 동물원에 갈래. 프랭키 형한테 원숭이 보여 줄 거야."

준수가 프랭키의 손을 잡고 경중경중 뛰었어요. 그러는 준수가 꼭 원숭이 같아 보였어요.

조금 뒤 간단한 간식을 싸서 모두 승용차를 타러 아파트 주차장으로 갔어요. 차에 타기 직전 준수가 가지고 놀던 탱탱볼을 놓쳤어요. 공을 잡으려고 차 뒤로 가려는 준수를 하라가 말리며 말했어요.

"준수야, 차 뒤는 운전자가 볼 수 없는 사각지대니까 조심해야 돼. 이럴 땐 운전자한테 먼저 알리고 공을 주우러 가는 거야."

"알았어. 아빠한테 말할게."

준수가 금 박사에게 가서 말했어요. 프랭키는 고개를 갸웃하며 물었어요.

"하라야, 사각지대라는 게 뭐야?"

"승용차 사각지대는 운전자의 눈에 보이지 않고, 거울로도 볼 수 없는 승용차 주변을 말해. 특히 어린이는 키가 작아서 더 안 보이거든. 그러니까 더 조심해야 해."

"준수가 공을 꺼내려고 했을 때 차가 출발하면 사고가 날 수도 있으니 정말 조심해야겠네."

"맞아. 승용차에서도 지켜야 할 안전 규칙이 있으니까 나머지는 차에 타서 말해 줄게."

아이들은 뒷좌석에 나란히 앉았어요.

"프랭키, 일단 문이 잘 닫혔는지 확인해 봐."

프랭키는 문을 열었다가 다시 닫으면서 하라를 바라보았어요. 하라가 안전띠를 가리키며 말했어요.

"뒷좌석이어도 안전띠를 꼭 매야 해. 준수는 아직 만 6세니까 카시트에 앉아야 하고. 운전석을 발로 툭툭 차거나 앞좌석 기계를 만지는 장난을 치면 절대 안 돼. 준수야, 너 어렸을 때 갑자기 브레이크를 당겨서 사고 날 뻔한 거 기억하지?"

"이제 안 그래. 프랭키 형, 걱정하지 마."

카시트에 앉아서 안전띠를 맨 준수가 잔뜩 긴장한 프랭키를 토닥였어요. 하라도 안전띠를 확인한 다음 말했어요.

"이제 준비 완료. 아빠, 출발해요."

"좋아, 오랜만에 신나게 나들이 가 봅시다."

금 박사가 시동을 걸고 차를 출발시켰어요. 그런데 도로에 나오자 차들이 막히지 뭐예요. 그때부터 금 박사의 얼굴이 서서히 변하기 시작했어요. 손가락으로 핸들을 다닥다닥 건드리며 몸을 앞으로 기울이고 앞에 있는 차들을 바라보았어요.

"어어, 뒤에 있던 차가 끼어드네. 흥, 내가 이대로 뺏길 줄 알고?"

금 박사가 갑자기 속력을 내기 시작했어요. 눈을 부리부리 뜨고 콧

김을 휙휙 내뿜는 금 박사는 평소의 모습하고 달랐어요. 프랭키는 몸을 바들바들 떨며 하라에게 말했어요.

"도대체 박사님이 왜 이러시는 거야? 안전 불감증 바이러스에 감염되셨나 봐."

"아니야, 아빠는 이상하게 운전대만 잡으면 코뿔소처럼 변하더라고. 걱정 마. 엄마가 진정시킬 거야."

금 박사의 운전이 한성미 씨 마음에 들 리 없지요. 한성미 씨는 숨을 한 번 크게 들이마신 후 소리를 질렀어요.

"여보, 교. 통. 안. 전!"

"아이쿠, 미안합니다. 운전대만 잡으면 정신이 나간다니까요."

"아빠, 스쿨 존이에요. 여기서는 더 조심해야 해요."

"맞다. 스쿨 존에서는 규정 속도 시속 30㎞를 잘 지켜야지."

아빠는 차를 아주 천천히 몰았어요.

"스쿨 존이 뭐야?"

프랭키가 궁금하다는 표정으로 하라를 바라보았어요.

"스쿨 존은 유치원이나 초등학교 주변에 설치한 어린이 보호 구역이

야. 학교 정문에서 300m 이내의 통학로를 스쿨 존으로 정하고 교통사고를 줄이기 위해 안전표지와 도로 반사경, 과속 방지 턱 등을 설치했어. 승용차는 스쿨 존 안에서 주차나 정차를 할 수 없고, 시속 30㎞ 이하로 천천히 달려야 해."

"와, 학교 앞에서 교통사고가 많이 일어난다는데 스쿨 존 덕분에 운전자들이 조심하겠네?"

"맞아. 얼마 전 학교 앞 횡단보도에서 일어난 사고로 어린이가 사망해서 스쿨 존에서의 교통사고 법규가 더 강화됐어."

"뭐? 어린아이가 죽었다고? 그것 봐! 교통수단은 모두 살인 무기라

니까. 나 안 탈래."

프랭키는 마음이 불안해지면서 얼굴이 짙은 초록색으로 변했어요. 몸도 부들부들 떨고 어쩔 줄 몰라 했지요. 하라와 준수가 진정시켰지만 소용없었어요.

하는 수 없이 나들이는 포기하고 집으로 돌아와야만 했어요. 프랭키는 차가 아파트 입구에 들어서자마자 문을 열려고 했어요. 하라가 프랭키의 손을 덥석 잡았어요.

"차가 완전히 멈춘 후에 문을 열어야지. 뒤에 다른 차나 오토바이가 오는지도 살피고."

"아, 알았어."

프랭키는 차가 주차되자마자 집으로 들어갔어요.

"나 이제 다시는 교통수단 안 탈 거야. 이러다 고향 집에도 못 돌아가게 생겼어."

나들이도 못 하고 프랭키의 교통사고 염려증은 더 심해지고 말았어요. 하라가 한숨을 내쉬는데 어디선가 낄낄거리는 웃음소리가 들렸어요. 하라가 뒤돌아보자 검은 그림자가 아파트 놀이터 뒤로 사라졌어요.

"몽테 녀석이 분명해. 아직도 안전 불감증을 퍼뜨리고 다니다니. 이대로 물러날 수는 없지!"

하라는 두 주먹을 불끈 쥐고 몽테가 사라진 곳을 바라보았어요.

프랭키의 교통안전 수첩

아파트 단지가 위험하다고?

어린이날 등 기념일이 많은 5월은 어린이 교통사고가 일 년 중 가장 많이 일어나는 달이에요. 2018년부터 3년 동안 5월에 발생한 만 12세 이하 교통사고는 3413건으로 전체 교통사고의 10.59%를 차지하고 있어요.

어린이 교통사고는 언제 어디서나 일어나요. 안전하다고 여기기 쉬운 아파트 단지도 안전지대는 아니에요. 아파트 단지는 일반 도로보다 사고 위험이 덜하다고 생각하지만, 건물과 나무 등 각종 시설물이 운전자의 시야를 가려서 사고 위험이 높아요. 2017년 보험 개발원이 발표한 자료에 의하면 전국에 발생한 교통사고 약 400만 건 중 8%인 32만 건이 아파트 단지 내 교통사고로 나타났어요. 어린이 보호 구역인 스쿨 존도 위험할 수 있어요. 어린이 보호 구역에서 숨진 어린이는 5년 동안 31명. 스쿨 존에서만 매년 평균 496건의 어린이 교통사고가 일어난다고 해요.

 '민식이법'이 뭘까요?

2020년 3월 25일에 시행된 '민식이법'은 어린이 보호 구역의 교통사고 예방을 위한 관련법 개정 법률안이에요. 2019년 9월 11일 충청남도 아산의 어린이 보호 구역 건널목에서 교통사고로 숨을 거둔 김민식 어린이의 이름을 따서 붙였어요. 어린이 보호 구역 내 신호등과 과속 단속 카메라 설치 의무화 그리고 구역 내 교통사고 사망 사고가 생겼을 때 형을 더 무겁게 처벌하는 내용을 담고 있어요.

🚦 자전거 안전은 어떻게 지킬까?

금 박사는 반성문 100장 쓸 뻔한 걸 집안일로 대신했지만 한성미 씨에게 100번, 하라에게 50번, 준수에게 10번의 잔소리를 들어야 했어요. 무엇보다 프랭키에게 불안감을 주었던 게 미안해서 손이 발이 되도록 싹싹 빌었지요. 프랭키는 괜찮다고 하면서도 이불을 꽁꽁 둘러싸고 나오려 하지 않았어요.

다음 날 프랭키는 겨우 불안한 마음을 진정할 수 있었어요. 생각해 보면 '민식이법'과 같은 교통법을 만들어서 교통안전을 지키려고 하는 건 모두가 안전을 생각하는 거잖아요. 거기다 자기 때문에 나들이를 못 간 거 같아서 미안해졌어요.

"준수야, 하라야. 나 때문에 나들이 못 가서 미안."

"프랭키, 그럼 우리 공원에 나가서 자전거 타자. 프랑켄 마을 사람들도 자전거 타던데 너도 탈 줄 알지?"

"응. 어렸을 때 배워서 탈 줄 알지만 자전거 타다가 사고 나면 어떡해? 어린이 자전거 사고 비율도 점점 올라가고 있는걸."

"형! 자전거 탈 때도 교통안전 규칙을 잘 지키면 안전해. 나랑 같이 나가서 자전거 타자. 응?"

준수가 프랭키를 잡아끌었어요. 프랭키는 하는 수 없이 하라와 준수를 따라 밖으로 나왔어요. 준수가 네발자전거에 올라탔어요. 하라가 자전거 앞을 가로막고 준수를 흘겨보았어요.

"준수, 자전거 타기 전에 잊은 거 없니?"

"아차차, 헬멧! 그리고 보호 장비도."

준수는 배낭에서 헬멧을 꺼내 쓰고 보호 장비도 찼어요. 프랭키는 준수가 타려고 미리 사 놓은 두발자전거와 한성미 씨 안전 장비를 빌렸어요. 하라는 준수가 안전 장비를 잘 착용했는지 한 번 더 확인하고 자신도 안전 장비를 꼼꼼하게 챙겼어요.

아이들이 자전거를 끌고 아파트 단지를 벗어나 도로로 나왔어요.

"누나, 저거 자전거를 타면 안 된다는 표지판이지?"

"맞아. 일반 도로에서 자전거를 탈 경우에는 승용차나 오토바이와 같이 차도를 쓰기 때문에 사고가 날 위험이 높거든. 좁은 골목에서는 사람들과 마주칠 일도 많고. 그러니까 표지판을 잘 보고 안전 규칙을 꼭 지켜야 해."

"알았어. 자전거 도로 나오면 탈게."

잠시 후 인도와 자전거 도로가 같이 있는 길이 나왔어요.

"누나, 여기서는 자전거 타도 되지?"

준수가 자전거를 타기 시작했어요. 하라는 프랭키를 위해서 같이 자전거를 끌고 걸었어요.

공원으로 가기 위해서는 횡단보도를 건너야 했어요. 신호가 초록불로 바뀌자 하라가 말했어요.

"준수야, 인도와 횡단보도는 사람이 걷는 길이야. 자전거 타면 안 되는 거 알지? 내려서 끌고 가야 해."

"사람도 별로 없는데 그냥 타고 가면 안 돼?"

"당연히 안 되지. 세 살 버릇 여든까지 간다는 말이 있잖아. 안전 규칙을 지키는 것도 습관이라고."

"알았어. 내려서 끌고 갈게."

준수는 누나 말대로 자전거를 끌고 횡단보도를 건너갔어요. 횡단보도를 건너 조금 더 가니 분수대 옆으로 넓은 공터가 나왔어요.

"프랭키, 여기서는 안전할 거야. 너도 한번 타 봐."

"난 싫어. 안 탈래."

"걱정 마. 프랭키의 키에 맞춰 안장 높이도 조절하고 안전 장비도 다 했고 따릉따릉 경적도 잘 울리는 거 확인했으니까 조심해서 타면 돼. 자전거 타면 얼마나 재미있다고. 그리고 세이프 소년단 콘서트를 생각해 봐. 기분이 저절로 좋아질걸?"

"아, 알았어. 그럼 타 볼게."

프랭키는 자전거에 올라타서 살살 페달을 밟았어요. 자전거가 앞으로 쑤욱 나갔어요. 바람이 얼굴을 간질이자 프랭키는 자신도 모르게 웃음이 났어요.

"프랭키, 정말 멋지다. 잘하고 있어."

하라가 응원해 주자 더 힘이 났어요. 프랭키는 발에 힘을 주고 좀 더 빠르게 달렸어요.

그때였어요. 앞에 가던 자전거가 비틀거리기 시작했어요. 자전거를 타던 아이가 소리쳤어요.

"어, 어, 어. 자전거가 안 멈춰!"

앞에 있던 아이가 브레이크를 잡았지만 자전거는 멈추지 않고 계속 갔어요. 조금 더 가면 비탈길이 나오고 비탈길 아래는 차가 다니는 도로였어요. 이대로 가다가는 교통사고가 날 게 뻔했어요.

프랭키는 자전거 페달을 더 빨리 굴려서 아이를 앞질렀어요. 자전거에서 재빠르게 내린 프랭키가 내려오는 자전거를 잡았어요.

"아아악!"

자전거에 탄 아이가 눈을 꽉 감고 비명을 질렀어요. 하지만 아무 일도 일어나지 않았어요. 눈을 살짝 떠 보니 프랭키가 두 손으로 자전거를 꽉 잡고 있었어요.

"너, 다칠지도 모르는데 날 도와준 거야?"

"난 괴물 아이라 힘이 세서 괜찮아. 그나저나 자전거 타기 전에 고장 난 곳이 없는지 살폈어야지. 큰일 날 뻔했잖아. 그런데 너 어

디서 많이 본 것 같은데? 아앗!"

프랭키가 아이를 보고 깜짝 놀랐어요. 그 아이는 바로 안전 불감증 바이러스를 퍼뜨리고 다니는 정크 조직의 몽테였거든요. 몽테는 아이들을 따라왔다가 고장 난 자전거 때문에 사고를 당할 뻔한 거였어요.

뒤쫓아 온 하라가 몽테를 알아보고 소리를 질렀어요.

"몽테, 너 또 안전 불감증 바이러스를 퍼뜨리려고 온 거야?"

"그, 그런데 프랭키가 날 구해 줬어. 으앙!"

몽테는 프랭키를 꼭 안으며 울음을 터뜨렸어요. 모두가 당황해서 몽테를 바라보았어요.

조금 뒤 몽테가 울음을 그치고 말했어요.

"프랭키, 날 살려 줘서 고마워."

"교통사고가 얼마나 무서운지 알겠지? 하마터면 정말 큰일 날 뻔했잖아."

"응, 안전 불감증 때문에 내가 먼저 죽을 뻔했어. 나 이제 교통안전 규칙 지킬 거야."

"우와, 잘됐다. 그럼 너 정크 조직 나와서 우리랑 친구 하자."

하라 말에 몽테는 눈물을 글썽였어요.

"너희들을 보니까 교통안전 규칙을 지키면서 안전하게 생활하는 게 얼마나 편하고 즐거운지 알았어. 나 이제 정크 조직 안 할 거야."

프랭키의 교통안전 수첩

자전거 사고 알아보기

아이들 교통사고 중 자전거 사고도 상당히 많아요. 주로 골목길, 길모퉁이, 자전거 사각지대, 주차된 차 옆과 같은 장소에서 어린이 자전거 사고가 자주 일어나고 있어요. 2019년 1월부터 4월까지 서울의 자전거 교통 사망자 수는 3명이었는데 1년 후인 2020년 동일 기간에는 9명으로 늘어났어요. 자전거 사망자의 경우 안전모를 쓰지 않은 경우가 88.4%로 매우 높았어요. 어린아이들은 보호자와 함께 자전거를 타는 것이 좋아요. 그리고 자전거는 자전거 전용 도로, 자전거 전용 차로, 자전거 및 보행자 겸용 표지판이 있는 곳에서만 타야 해요. 자전거 외에도 킥보드와 롤러스케이트 사고도 많이 일어나요. 부상 방지를 위해 안전모, 손목 팔꿈치 보호대 등의 안전 장비를 꼭 착용해야 되겠죠? 특히 요즘은 어른들도 전동 킥보드를 많이 이용하기 때문에 안전 장비 착용은 필수랍니다.

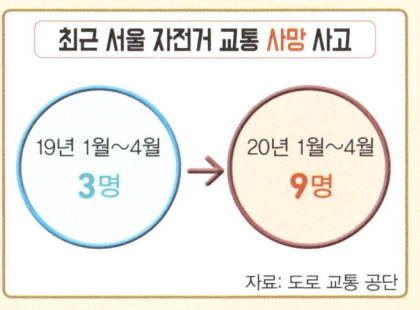

"몽테 형, 그럼 우리 같이 놀자."

준수가 몽테를 반갑게 안아 주었어요. 몽테는 눈물을 훔치고 활짝 웃었어요.

하라가 알려 주는 교통안전 수칙

🚫 **승용차 탈 때와 스쿨 존 횡단보도 건널 때 안전 수칙**

🌱 **올바른 안전띠 착용법**
- 어깨 쪽 안전띠는 어깨 중앙에 오게 해요. 목이나 얼굴 가까이 매면 목이 졸려 위험할 수 있어요.
- 안전띠가 꼬이지 않았는지 확인해요.
- 엉덩이를 의자 깊숙이 넣고 허리를 곧게 세운 뒤 안전띠를 매요.
- 허리 쪽 안전띠는 골반을 지나도록 해요. 배 위쪽으로 매면 내장이 다칠 수 있어요.
- 버클에서 딸깍 소리가 나도록 안전띠를 채워요.

🌱 **스쿨 존 안전 규칙**
- 무단 횡단은 위험해요.
- 횡단보도에서는 일단 멈춰요.
- 횡단보도 건너기 전에 양옆을 살펴요.
- 횡단보도는 오른쪽으로 걸어요.
- 차가 멈췄는지 확인 후 손을 들고 건너요.
- 길을 건널 때는 뛰지 않고 걸어요.

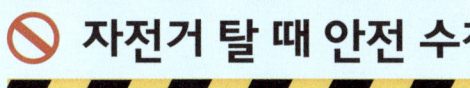
🚫 자전거 탈 때 안전 수칙

- **오른쪽으로 타고 내리기**: 자전거 전용 도로는 차도의 오른쪽에 있기 때문에 오른쪽에서 오르내리는 게 안전해요.
- **횡단보도에서 자전거 타지 않기**: 인도와 횡단보도는 사람이 걷는 길이에요. 그래서 자전거를 타면 안 된답니다. 횡단보도를 건널 때에는 자전거에서 내려서 끌고 가야 해요.
- **브레이크 레버 양손으로 잡기**: 브레이크 레버를 한쪽만 잡으면 자전거가 앞으로 고꾸라질 수 있어요. 멈출 때에는 양손을 사용하여 동시에 잡아야 해요.
- **큰길로 나갈 때에는 일단 멈추기**: 골목에서 큰길로 나갈 때에는 일단 멈춘 후 차나 사람이 없는 걸 확인하고 타야 안전해요.
- **경적 울리기**: 사람이 길을 막고 천천히 걸어가면 속도를 줄이고 경적을 울려 자전거가 있다는 걸 알려요.
- **어두운 곳에서는 전조등 켜기**: 어두우면 앞이 잘 안 보여요. 다른 사람들 눈에도 자전거가 잘 안 보이지요. 그래서 전조등을 꼭 켜야 한답니다.
- **자전거 안장 높이 조절하기**: 안장의 높이는 자전거에 앉으면 발이 살짝 땅에 닿도록 조정해요. 그래야 자전거가 비틀거릴 때 다리를 땅에 딛고 균형을 잡을 수 있어요.

토론왕 되기!

뒷좌석 안전띠를 꼭 해야 할까?

전 좌석 안전띠 착용이 의무화되었는데도 사람들이 아직 잘 모르고 있는 것 같아요.

전에는 고속도로 앞좌석에서만 안전띠를 매야 했지만 이제는 모든 도로에서 전 좌석 안전띠를 매야 해요. 안전띠를 매지 않으면 3만 원의 과태료를 내야 하고 특히 13세 미만 어린이가 매지 않았을 경우에는 과태료가 6만 원으로 늘어나요. 택시도 마찬가지니까 잊지 말고 모두 안전띠를 매요.

안전띠를 매기 어려운 6세 미만 영유아는 반드시 카시트를 착용해야 해요. 이를 어기면 과태료가 6만 원이에요. 사실 카시트 착용 의무화 법안은 오래전에 만들었지만 실제로 단속이 이뤄지지는 않았어요. 하지만 전 좌석 안전띠 착용 의무화와 함께 단속도 철저하게 이뤄지고 있지요. 조금 번거롭더라

선진국 전 좌석 안전띠 착용률은?

구분	앞좌석 착용률	뒷좌석 착용률
스웨덴	98%	성인 90% 어린이 94%
독일	운전자석 98% 보조석 99%	97%
덴마크	96%	91%
일본	운전자석 99% 보조석 95%	36%

자료: 국제 교통 포럼(2018)

도 생명을 지켜 주는 안전띠, 꼭 매세요.

2018년 경찰청은 도로 교통법 시행령을 개정하여 모든 도로에서 전 좌석 안전띠 착용을 의무화했어요.

안전띠를 하지 않았을 때 교통사고 사고율은 앞좌석이 2.8배, 뒷좌석이 3.7배로 증가해요. 뒷좌석 안전띠를 하지 않은 상태에서 교통사고가 났을 때 차에 탔던 사람의 사망 확률은 7배로 증가한다는 조사 결과도 있었지요.

안전띠만 잘 착용했으면 크게 다치지 않고 넘어갈 수 있는 사고도 큰 부상을 당하거나 심한 경우 목숨까지 잃을 수 있을 만큼 큰 사고로 바뀔 수 있어요. 그런데도 불편하다는 이유로 매지 않는다는 건 목숨을 도로에 내어 놓고 달리는 거와 같아요. 따라서 모든 도로 전 좌석 안전띠 매기는 안전을 위해 당연히 지켜야 할 교통안전 규칙이에요.

OECD에서 발표한 한국의 안전띠 착용률은 **앞좌석은 88.5%이고 뒷좌석은 30.2%**로 낮은 수준이에요. 호주는 앞좌석이 97%, 뒷좌석이 96%이고, 독일의 경우도 앞좌석은 98%, 뒷좌석 97%로 뒷좌석 안전띠 착용이 정착되었어요. 교통사고가 났을 때 사망률을 낮추기 위해서라도 뒷좌석 안전띠 착용에 더 신경 써야 해요. 실제로 안전띠와 카시트를 올바르게 착용할 경우 사고 시 사망률이 최대 71% 줄어드는 효과가 있다는 연구 결과가 있답니다. 나와 모두의 안전을 위해서 안전띠를 소중하게 생각해야 해요.

귀찮다고 또는 설마 하는 마음에 안전띠를 매지 않는다면 어떻게 될까요? 친구들과 함께 토론해 보아요.

걱정 뚝! 안전 짱! 퀴즈
도로 교통법은 어디에서 정하는 걸까요?

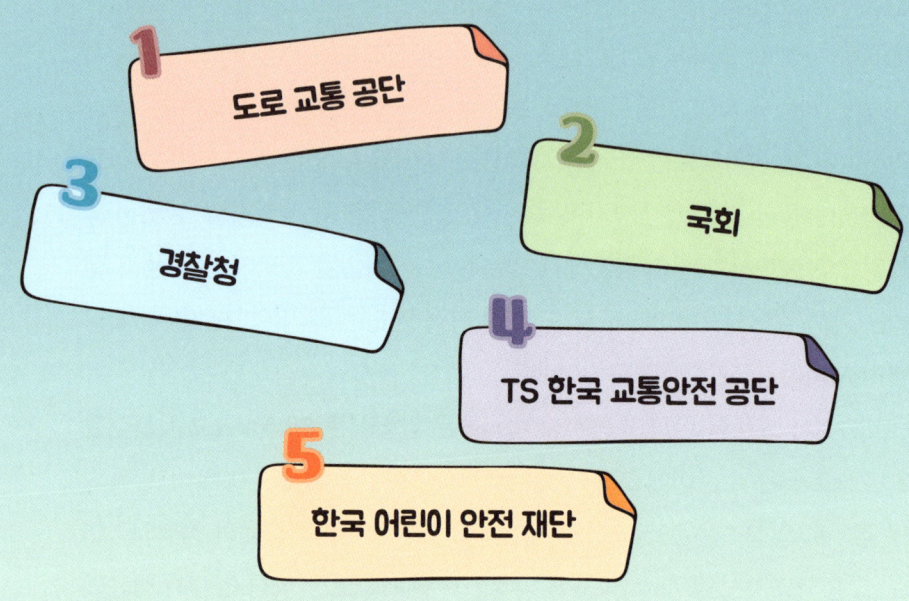

1. 도로 교통 공단
2. 국회
3. 경찰청
4. TS 한국 교통안전 공단
5. 한국 어린이 안전 재단

도로 교통법은 안전하고 원활한 교통을 확보하기 위해 정한 법률이에요. 1910년대에 교통량이 늘어나자 처음으로 만들어진 뒤 2018년까지 수차례 개정이 이루어졌어요. 총 14장 166조와 부칙으로 구성되어 있어요. 2018년 9월 다시 고친 시행령에는 전 좌석 안전띠 착용 의무화, 자전거 음주 운전 처벌, 경사지에서 미끄럼 사고 방지 조치 의무화 등의 내용이 담겨 있어요.

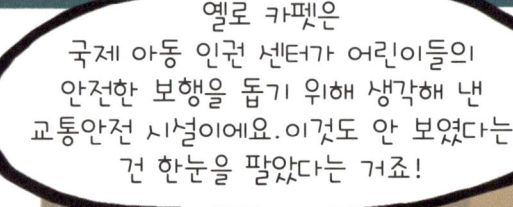

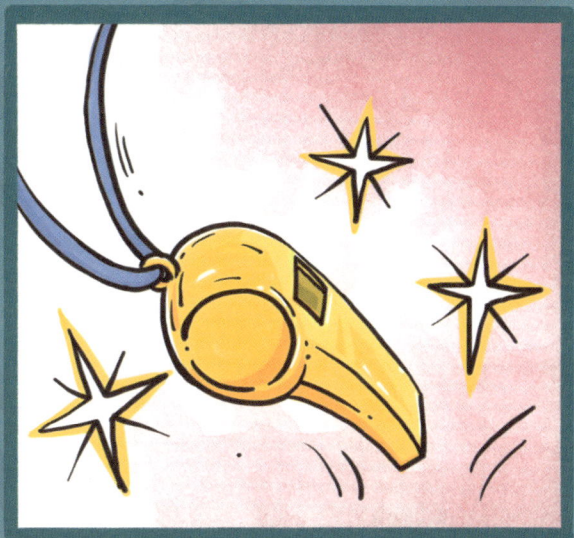

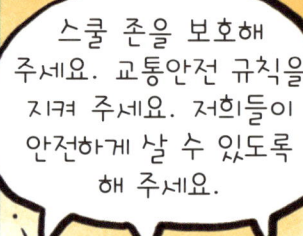

길을 걸을 때도 조심해요

몽테 배에서 꼬르륵 소리가 들렸어요. 점심 먹을 시간이 한참 지났거든요.

"몽테 형, 배고파? 나도 배고파."

"몽테 형이라고? 크크큭, 그럼 형이 맛있는 거 사 줄게."

몽테와 준수가 서로 마주 보고 웃었어요. 그제야 프랭키와 하라도 긴장을 풀었어요. 같이 지내 보니 몽테도 자신들과 똑같은 아이처럼 느껴졌거든요. 하라가 몽테 어깨를 탁 치며 말했어요.

"그럼 자전거 갖다 놓고 우리 학교 앞으로 가자. 떡볶이 맛있는 집 알려 줄게."

아이들은 자전거를 아파트 단지에 있는 자전거 보관소에 가져다 놓았어요. 몽테 자전거는 금 박사에게 수리를 부탁했고요.

학교 앞으로 가는 길에 하라가 말했어요.

"학교는 골목을 지나서 큰길 건너에 있어. 여기서 걸어가면 돼."

하라가 공원 가던 길과 반대쪽 골목으로 걸어갔어요. 조금 가다가 길에서 하라와 같은 반 친구 민서를 만났어요.

하라가 반갑게 인사를 했어요.

"민서야, 안녕. 내 새로운 친구들이야."

민서는 대꾸도 없이 스마트폰만 들여다보며 걷고 있었어요. 앞에 하수도 공사를 하느라 땅이 파헤쳐져 있는 것도 못 본 것 같았어요. 그대로 가다가는 구덩이에 빠질 게 뻔했어요.

"민서야, 위험해. 앞에 공사장이 있어."

민서는 귀에 이어폰을 꽂고 있어서 하라가 말하는 소리를 듣지 못했죠. 하라가 재빨리 뛰어가 민서 어깨를 잡았어요. 민서는 고개를 돌려 하라를 확인하고 나서 이어폰을 뺐어요. 하라가 공사장 구덩이를 손가락으로 가리키며 말했어요.

"최민서! 걸을 때 스마트폰은 금지야. 화면을 보면서 걸으면 볼 수 있는 범위가 좁아져서 위험해도 잘 모른단 말이야."

민서는 하라의 손가락이 가리키는 곳을 보고 흠칫 놀랐어요.

"앗, 하마터면 구덩이에 빠질 뻔했네. 하라야, 고마워."

"최민서, 지금 당장 스마트폰은 주머니에 넣어. 안 그러면 안전 벌점 1점이야."

하라가 양손을 허리에 척 올리고 눈을 부리부리하게 떴어요.

"응, 알았어. 다시는 걸으면서 스마트폰 하지 않을게."

"이어폰을 끼고 음악을 듣는 것도 위험해. 경적 소리를 못 들을 수 있거든."

"알았어. 이제 조심할게."

민서는 스마트폰과 이어폰을 주머니에 넣고 구덩이를 돌아서 종종걸음으로 사라졌어요.

하라는 그 뒷모습을 향해 고개를 저으며 혀를 찼어요.

"걸을 때도 교통안전 규칙을 지켜야 하는데. 스마트폰이나 이어폰 때문에 교통사고가 점점 늘어나고 있어서 걱정이야."

"걸을 때 지켜야 하는 교통 규칙은 뭔데?"

준서가 물었어요.

"걸을 때 스마트폰을 하는 사람들을 '스몸비족'이라고 해. '스마트폰'과 '좀비'를 합해서 만든 이름이야. 스마트폰 때문에 볼 수 있는 거리도 좁아지고 사고를 알아챌 수 없어서 매우 위험해. 너희들도 걸을 때는 스마트폰 절대 금지야."

"그렇구나. 저기 걸어가는 형을 보니까 정말 우리 옆 동네에 사는 좀비들 같다."

프랭키가 횡단보도를 건너는 중학생을 가리켰어요. 하라가 중학생을 보고 소리쳤어요.

"걸을 때 스마트폰 금지!"

목소리가 얼마나 큰지 도로에 쩌렁쩌렁하게 울렸어요. 스마트폰을 보던 중학생은 화들짝 놀라서 얼굴을 붉히며 후다닥 뛰어갔어요.

하라는 씩씩거리며 도망가는 중학생을 흘겨봤어요.

"누나, 우리도 얼른 가자. 나 배고파."

준수가 보채자 하라는 하는 수 없이 다시 길을 걸어갔어요.

모두 횡단보도 앞에 도착했을 때였어요. 하라가 깜빡이는 초록 신호를 보며 멈추었어요.

"준수야, 횡단보도 3원칙 말해 봐."

"에잇, 누나 때문에 빨간불로 바뀌었잖아. 건널 수 있었는데."

"너, 횡단보도 3원칙 까먹은 거야?"

"아니야. 알아. 멈추기, 살피기, 건너기. 맞지?"

"맞아. 신호등이 초록불로 바뀌기 전까지는 절대 차도에 내려서면 안 돼. 초록불이 되어도 바로 건너지 말고 차가 멈추었는지 양옆을 살핀 후 건너고. 그리고 운전자와 눈을 마주치고 손을 들고 건너야 해. 어린이는 키가 작아서 운전자가 못 볼 수 있으니까. 마지막으로 지금처럼 초록불이 깜빡일 때는 건너다가 중간에 신호가 바뀔 수 있어. 그러니까 무리해서 건너려고 하지 말고 다음 신호를 기다려야 안전한 거야."

"알아, 나도 안다고. 누나는 진짜 엄마 판박이야."

툴툴거리는 준수를 달래며 프랭키는 하라에게 말했어요.

"걸을 때도 지켜야 할 교통 규칙이 많구나."

"그럼. 길은 사람과 자전거, 승용차, 오토바이가 함께 이용하니까 언제든 교통사고가 일어날 수 있잖아. 특히 어린이 교통사고는 걷다가 생기는 경우가 가장 많거든."

"맞아. 교통사고로 죽는 어린이 중 절반 이상이 걷다가 사고를 당한대. 정말 무서운 일이지."

준수의 말에 프랭키가 온몸을 부르르 떨었어요. 하라가 프랭키의 어깨를 잡고 말했어요.

"그렇다고 집에만 있으면 된다는 건 아니야. 이럴수록 우리가 뭘 지켜야 한다고?"

"교통안전 규칙!"

프랭키가 외치고 나자 신호등이 초록불로 바뀌었어요. 아이들은 차가 오는지 양쪽을 살피고 나서 횡단보도를 건넜어요. 그러고는 학교 앞 분식집으로 가서 맛있게 떡볶이를 먹었어요. 몽테와 프랭키는 처음 먹어 보는 음식이었지만 호호거리며 잘 먹었어요.

　음식을 맛있게 먹고 분식집을 나오려는데 비가 쏟아졌어요. 하라는 한성미 씨에게 전화를 걸었어요.

　얼마 뒤, 한성미 씨가 우산을 가지고 왔어요.

"빨리 가서 텔레비전 봐야지."

준수가 막 뛰어가려고 하는데 한성미 씨가 뒷덜미를 잡았어요.

"금준수! 비나 눈이 오면 길이 미끄러워서 넘어지기 쉬운데 왜 뛰려고 할까? 엄마에게 무슨 소리를 듣고 싶은 걸까?"

한성미 씨는 웃는 얼굴이었지만 눈은 화나 있었어요. 준수는 쩔쩔매며 더듬거렸어요.

"아, 아니에요. 비 올 때 안전 규칙 잘 아는걸요. 그게 아니라 좋아서 팔짝 뛴 거예요. 그치? 프랭키 형, 몽테 형."

준수는 프랭키와 몽테에게 도와 달라는 눈빛을 보냈지만 두 아이 역시 한성미 씨의 박력에 오싹 쪼그라들어서 아무 말도 못 했어요. 한성미 씨가 준수를 놓아주며 씨익 웃었어요.

"그럼 비나 눈이 올 때 안전 규칙을 어디 말해 볼까요?"

"우산으로 눈 앞 가리지 않기, 계단 조심하기, 노란색이나 투명 우산 쓰기, 미끄러운 신발을 신지 않기. 그리고 또…… 눈길에서는 팔짱을 끼거나 주머니에 손 넣지 않기입니다! 무엇보다 뛰면 절대 안 됩니다."

"딩동댕, 하지만 알기만 하고 실천하지 않으면 안 되겠지?"

"네, 그렇습니다! 저는 걸을 때 꼭 안전 규칙을 지키겠습니다!"

준수가 큰 소리로 외쳤어요. 지나가는 사람들이 흘끔거리며 웃었어요. 한성미 씨는 프랭키와 몽테를 보며 말했어요.

"교통안전 규칙은 아무리 강조해도 지나치지 않아서 아줌마가 일부러 그런 거야. 사고는 안전 불감증, 바로 '나는 괜찮겠지.' 하고 마음을 놓는 순간 일어나거든. 너희들도 잘 알았지?"

"네!"

프랭키와 몽테가 큰 소리로 대답했어요.

"그래, 이제 모두들 조심해서 집으로 돌아가자."

하라 일행은 가벼운 발걸음으로 집으로 돌아왔어요. 그런데 이게 무슨 일인가요? 집 안이 엉망이고 금 박사도 보이지 않았어요.

식탁 위에는 쪽지가 놓여 있었어요.

> 정크 조직이 프랭키 가방을 훔쳐갔어요! 쫓아가니 걱정 말아요.
> — 금 박사

쪽지를 보던 몽테가 두 주먹을 불끈 쥐며 말했어요.

"프랭키를 납치하려고 한 게 분명해. 프랭키가 없으니까 프랭키의 가방을 가져간 거야. 정크 조직 정말 치사하다."

"으으으, 정말 못된 정크 조직이야."

몽테와 하라가 화를 내는데, 프랭키가 갑자기 소리를 질렀어요.

"오오오, 안 돼. 세이프 소년단 콘서트 입장권!"

"뭐? 콘서트 티켓이 가방에 들었단 말이야?"

"응, 정말 귀한 거라 가방에 꼭꼭 넣어 놨어."

프랭키는 콘서트에 갈 수 없다니 눈앞이 캄캄해졌어요. 그때 몽테가 프랭키의 어깨를 짚고 말했어요.

"걱정 마, 이번엔 내가 도와줄게."

"안 돼, 몽테. 정크 조직은 네가 변한 걸 알면 가만 안 둘 거야."

하라가 말렸지만 몽테는 후다닥 집을 빠져나갔어요. 과연 몽테는 어떻게 하려는 걸까요?

프랭키의 교통안전 수첩

어린이 보행 사고

12세 이하 어린이의 보행 중 교통사고는 2017년부터 3년간 총 7894명의 사상자가 발생했고, 이 중 42명이 안타깝게 목숨을 잃었어요. 학년별로 보면 1학년 1763명(22.3%), 2학년 1646명(20.9%), 3학년 1512명(19.2%), 4학년 1120명(14.2%), 5학년 998명(12.6%), 6학년 855명(10.8%)으로 고학년이 될수록 사상자가 줄었어요. 특히 3년간 저학년(1~3학년) 교통사고 사상자는 4921명으로, 전체의 62.4%에 이르렀지요.

사고 시간을 살펴보면 초등학교 정규 수업이 끝나고 집에 가거나 학원 수업을 위해 움직이는 시간대에 주로 사고가 일어났어요. 운전자가 안전 운전 의무를 지키지 않아서 사고가 일어나는 경우가 많았지만 보행자가 보행 중 안전 수칙을 지키지 않아서 목숨을 잃거나 다치는 경우도 많았어요.

길은 사람과 자전거, 자동차 등이 함께 이용하기 때문에 언제든 교통사고가 일어날 위험이 있어요. 어린이 교통사고 사망자 중에서 절반 이상이 걷다가 사고를 당하는 만큼 보행 중 교통안전 규칙을 꼭 지켜야 해요.

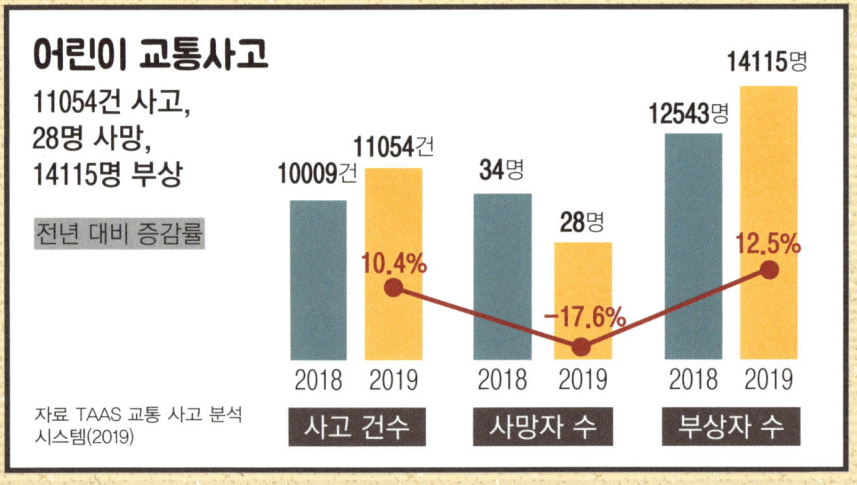

교통안전 규칙은 생명을 지키는 약속이에요

사흘이 지나도록 몽테에게서 연락이 없었어요. 금 박사는 정크 조직을 쫓으며 몽테를 찾아보았지만 소식을 알 수 없었지요.

하라는 생각하면 할수록 정크 조직이 미웠어요.

"몽테도 사라지고 내일 세이프 소년단 콘서트도 못 가고, 이게 다 정크 조직 때문이야. 정크 조직을 없애려면 방법은 단 한 가지야."

"그게 뭔데, 누나?"

준수가 물었어요. 게임을 하고 있던 프랭키도 귀가 솔깃했어요.

"정크 조직은 안전 불감증 바이러스를 퍼뜨리잖아. 바이러스를 없애기 위해서는 백신이 필요하다고. 안전 불감증 백신이 바로 뭐겠어?"

"안전 불감증 백신이라면…… 교통안전 규칙인가?"

"우와, 프랭키 너 이제 교통안전 지킴이가 다 됐구나. 맞아. 교통안전 규칙을 잘 지킨다면 정크 조직도 어쩔 수 없을 거야. 우리 이럴 때가 아니라 교통안전 캠페인이라도 할까?"

"교통안전 캠페인이 뭔데?"

프랭키가 게임기를 내려놓으며 하라에게 물었어요.

하라가 막 대답을 하려는데 누군가 현관문을 열고 들어왔어요. 쓰러질 듯 비틀거리며 들어온 건 바로 몽테였어요.

"몽테야, 괜찮아?"

프랭키가 몽테를 부축하며 물었어요. 몽테는 씩 웃으며 무언가를 앞으로 내밀었어요. 그것은 바로 세이프 소년단 콘서트 입장권이었어요.

"정크 조직에서 몰래 가지고 나왔어. 그리고 정크 조직의 본부 위치도 알아냈어."

금 박사가 자리에서 벌떡 일어나며 주먹을 불끈 쥐었어요.

"잘했다! 이제 녀석들을 일망타진할 수 있게 되었구나! 모두 다 네 덕분이다."

몽테는 손가락으로 V 자를 만들어 보이며 씩 웃었어요.

"우와, 몽테 최고!"

아이들은 몽테를 가운데 두고 손을 맞잡은 채 빙글빙글 돌았어요. 한성미 씨도 다가와 몽테의 머리를 쓰다듬으며 칭찬했어요.

"몽테도 안전한 생활이 얼마나 좋은지 알게 됐구나. 안전 불감증이 교통안전을 이길 수 없는 것도 알겠지?"

"네, 정크 조직이 교통사고를 계속 일으키면 지구를 혼란에 빠뜨릴 수 있다고 했는데 이제 그 계획이 불가능하다는 걸 알았어요. 왜냐하면 하라나 프랭키처럼 사람들이 교통안전 규칙을 잘 지키면 교통사고를 예방할 수 있거든요. 그리고 이제 저도 편하고 안전한 게 좋아요."

"그래. 교통은 사람들의 삶을 편하게 해 주지. 앞으로 점점 기술이 발달해서 무인 승용차나 자기 부상 열차 같은 교통수단도 곧 대중화될 거야. 그만큼 안전에도 더욱 신경을 써야 하겠지만 말이야."

"우와, 그럼 이제 곧 우주선 타고 달나라도 가고 그러는 거야? 우주선 안전 규칙은 내가 만들어야지."

준수 말에 모두들 웃었어요. 프랭키는 세이프 소년단 콘서트에 갈 수 있는 것도 좋았지만 몽테가 무사히 돌아온 것이 무엇보다 기뻤어요. 프랭키는 몽테 앞으로 가서 손을 내밀며 말했어요.

"몽테야, 너도 내일 콘서트 같이 가자. 교통안전은 내가 책임질게. 걱정 마."

"프랭키, 정말 괜찮겠어? 콘서트장은 대중교통을 이용해서 갈 건데?"

"하라야, 네가 알려 준 교통안전 규칙을 하나씩 지키면서 가면 되잖아. 그렇지?"

"맞아, 프랭키. 이제 교통사고 염려증 극복했구나! 축하해."

다음 날 아이들은 콘서트에 갈 준비를 했어요. 콘서트장은 버스를 타고 가다가 지하철로 갈아타야 했어요.

프랭키와 몽테는 하라가 알려 준 대로 안전 규칙을 잘 지키면서 교통수단을 이용했어요.

하라가 걱정스러운 표정으로 프랭키를 보았어요.

"프랭키, 지난번처럼 버스에서 교통안전 규칙을 어기는 건 아니지?"

"하라야, 걱정 마. 지금은 몽테도 안전 불감증 바이러스를 뿌리지 않잖아."

프랭키는 버스에 서서 장난을 치지도 않았고, 버스 창문을 열고 손을 내밀지도 않았어요. 이제 어떤 교통수단을 타도 걱정이 없었죠.

지하철을 갈아타고 콘서트장까지 무사히 도착했어요. 콘서트장에 다가가자 사람들이 웅성거렸어요. 사람들 사이에서 세이프 소년단이 교통안전 캠페인을 하고 있었어요. 리더 RA가 사람들을 보고 물었어요.

"여러분, 교통수단을 안전하게 사용하려면 무엇을 지켜야 할까요?"

"교통안전 규칙이요!"

"맞아요. 저희 세이프 소년단과 함께 꼭 교통안전 규칙을 지켜서 안전한 생활을 해요. 교통안전 규칙은 생명을 지키는 약속이니까요."

세이프 소년단은 노래로 마음을 어루만지고 용기를 주면서 이렇게 교통안전 규칙의 소중함도 알려 주었어요. 프랭키는 세이프 소년단을 보면서 앞으로 무엇을 해야 하는지 깨달았어요.

콘서트는 정말 멋졌어요. 몽테도 세이프 소년단의 팬이 되고 말았죠!

꿈같은 시간이 흐르고 집으로 돌아왔어요.

금 박사가 말했어요.

"몽테 덕분에 정크 조직 부하들은 대부분 잡을 수 있었지만 대장은 놓치고 말았단다. 북쪽으로 도망갔다는 정보가 있어서 내일 출발할 거야. 가면서 프랭키도 데려다주면 좋을 것 같구나."

"네, 저 이제 교통사고 염려증 다 나았어요. 그리고 저도 프랑켄 마을로 돌아가서 할 일이 있어요."

"할 일이 생겼다니, 그게 뭔데?"

"하라야, 그건 아직 비밀이지만 기대해도 좋아."

"알았어. 네가 알려 줄 때까지 기다리고 있을게."

다음 날 프랭키와 몽테는 프랑켄 마을로 돌아갔어요. 단기 방학이 끝난 하라는 학교로 돌아가서 교통안전 캠페인을 벌였어요.

녹색 학부모회 회장인 한성미 씨도 하라 옆에서 열심히 호루라기를 불었어요.

그렇게 교통안전을 열심히 지키고 홍보하던 어느 날이었어요. 하라

프랭키의 교통안전 수첩

자주 일어나는 어린이 교통사고

- 버스 바로 앞뒤 횡단사고: 버스에서 내린 뒤 급한 마음에 버스 앞이나 뒤로 뛰어가면 운전자가 보지 못해서 사고가 날 수 있어요.
- 큰 차가 회전하다 나는 사고: 차도로 가까이 걷다 보면 길모퉁이에서 큰 차가 회전할 때 차 뒷바퀴에 치이는 사고를 당할 수 있어요.
- 보호 장비를 하지 않아 일어나는 사고: 안전띠를 매지 않으면 접촉 사고가 났을 때 몸이 튕겨 나가서 크게 다칠 수 있어요. 자전거나 전동 킥보드를 탈 때도 헬멧 등의 보호 장비를 착용하지 않아서 사고가 심각해질 수 있어요.
- 차 뒤나 밑에서 놀다가 나는 사고: 키가 작은 어린이들이 차량 뒤나 밑에 있으면 운전자들이 보지 못해서 사고가 날 수 있어요.

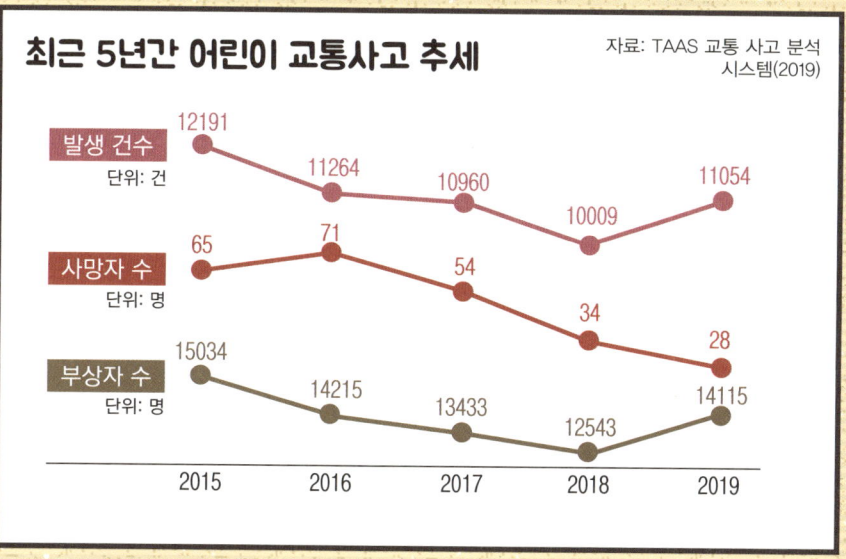

최근 5년간 어린이 교통사고 추세

자료: TAAS 교통 사고 분석 시스템(2019)

에게 편지 한 통이 왔어요.

"엄마, 프랭키가 사진을 보냈어요."

프랭키와 몽테가 프랑켄 마을 교통안전 지킴이가 되어 캠페인을 하는 사진이었어요. 바로 편지도 펼쳐 보았어요.

'프랑켄 마을의 교통안전은 우리가 지킨다! 프랑켄 교통안전 지킴이 프랭키와 몽테. 어때, 우리 멋지지? 전 세계가 교통안전 규칙을 잘 지키면 정크 조직도 꼼짝 못 하겠지!'

프랭키와 몽테는 씩씩해 보였어요.

"오호, 우리도 질 수 없지!"

하라는 주먹 쥔 손을 들어 올리며 큰 소리로 외쳤어요.

"교통안전 규칙을 지킵시다. 교통안전 규칙은 생명을 지키는 약속!"

하라의 우렁찬 목소리가 푸른 하늘로 울려 퍼졌어요.

하라가 알려 주는 교통안전 수칙

🚫 **보행 안전 수칙**

🌱 안전하게 걷기

- 차도 반대편으로 건너갈 때는 반드시 횡단보도나 육교, 지하도를 이용해야 해요.
- 걷다가 장애물에 걸려 넘어지거나 부딪쳐서 다칠 수가 있으니 주위를 잘 살피며 걸어야 해요.
- 헤드폰이나 이어폰을 귀에 꽂고 걸으면 안 돼요. 특히 휴대 전화를 하며 걸으면 절대 안 돼요.
- 운전자가 잘 볼 수 있도록 밝고 선명한 색의 옷을 입어요.
- 차에 걸릴 수 있으니 펄럭이는 옷이나 장신구는 피해요
- 비나 눈이 오는 날에는 노란색 우산이나 투명 우산을 사용해요.
- 길에서 절대 뛰지 않아요.
- 눈길에서는 팔짱을 끼거나 주머니에 손을 넣고 걷지 않아요.

어린이 교통사고의 특성

월별	5월	10.3%
요일	토요일	18%
시간대	오후 16시~18시	23.0%
사고 시 상태	보행 중	64.7%

자료: TAAS 교통 사고 분석 시스템(2019)

🌱 **횡단보도 3원칙**

1. 멈추기
   : 신호등이 초록불로 바뀌기 전까지 인도에서 기다려요.
2. 살피기
   : 초록불로 바뀌면 차가 멈추었는지 양옆을 살펴요
3. 건너기
   : 운전자와 눈을 마주치고 손을 들고 오른쪽으로 건너요.

초록불이 깜박일 때는 멈추어서 다음 신호를 기다려요.
신호등이 없는 횡단보도의 경우 위험하기 때문에 더 조심하며 건너야 해요.
급하다고 뛰어서는 안 돼요.

여러 가지 교통안전 표지판

   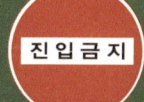

유턴   자전거 전용 도로   정차·주차 금지   진입 금지

과속 방지 턱   낙석 주의   도로 공사 중   철도 건널목

토론왕 되기!

더 눈에 띄는 교통안전 캠페인을 만들어 보자

우리나라 어린이 교통사고 중 도로에서 발생하는 교통사고는 조금씩 줄고 있으나 스쿨 존 안에서 생기는 어린이 교통사고 사망자 수는 계속 생기고 있어요. 스쿨 존에서는 각별한 주의가 필요한데도 보행 규칙을 지키지 않거나 주정차 위반, 과속, 신호 위반 등이 계속 이뤄지고 있어요.

어린이 교통사고를 방지하고 교통사고로 인한 피해를 줄이고자 도로 교통법이 강화되거나 다시 만들어졌어요. 그러나 사람들이 잘 알지 못하는 경우가 많아요. 어린이와 운전자들에게 도로 교통법과 교통안전의 중요함을 알리기 위해서 여러 가지 캠페인을 벌여야 해요.

캠페인은 정치적, 사회적, 상업적 목적을 이루기 위하여 사람들을 움직이려고 벌이는 운동이에요. 교통안전 캠페인으로는 피켓을 들고 직접 알리는 방법 외에도 여러 가지가 있어요. 교내 글짓기와 그림 그리기 대회, 유튜브 공모전, 슬로건 공모전, 라디오와 텔레비전 공익 광고 등을 통해 교통사고의 위험성을 알고 주의할 수 있도록 하고 있어요.

교통안전 캠페인은 모든 사람들이 교통안전의 중요성을 깨닫고 교통사고가 사라지는 순간까지 계속 이어져야 해요.

여러분이 직접 교통안전 캠페인을 벌인다면 어떤 방식으로 진행할 수 있을 것 같나요? 슬로건이나 안전 구호 등을 생각해서 친구들과 이야기를 나누어 보세요.

세계의 독특한 교통안전 캠페인

스웨덴 스피드 카메라 복권

스웨덴에서는 차가 지나갈 때 규정 속도를 지키면 위로 치켜든 초록색 엄지 표시를, 규정 속도를 어기면 아래로 향한 빨간색 엄지를 표시  하게 했어요. 빨간색 표시를 받은 운전자들이 낸 벌금은 초록색 표시를 받은 운전자들을 대상으로 하는 복권의 당첨금으로 사용해요.

싱가포르 교통 약자 배려 신호등

싱가포르에서는 신호등에 단말기를 설치하고 교통 약자들에게 그린맨 플러스 카드를 지급해서 단말기에 카드를 갖다 대면 초록색 신호의 시간이 길어지도록 하는 캠페인이 있어요.

미국의 신호등 캠페인

미국 뉴욕주는 시내 도로에서 자동차의 과속을 막기 위해서 해골 신호등을 설치했어요. 신호등에 센서를 설치해서 그곳을 지나치는 차량이 규정 속도를 어기면 해골 모양과 함께 'Slow Down(속도를 낮추세요.)'이라는 경고 문구가 나타나요.

걱정 뚝! 안전 짱! 퀴즈
횡단보도를 건널 때 올바르지 않은 모습은 어떤 것일까요?

1 운전자가 나를 볼 수 있게 손을 들고 눈을 맞춰요.

2 초록불이 깜빡일 때는 서둘러 빨리 건너요.

3 도로에서 한 발자국 뒤로 물러서서 기다려요.

4 횡단보도를 건너기 전에 양옆을 살펴요.

5 차가 모두 멈추었는지 확인하고 건너요.

정답 2번

어려운 용어를 파헤치자!

개정 글자나 글의 틀린 곳을 고쳐 바로잡는 것이에요.

과태료 공법에서 의무 이행을 태만히 한 사람에게 벌로 물게 하는 돈이에요. 벌금과 달리 형벌의 성질을 가지지 않는 법령 위반에 대하여 부과한답니다.

비상구 화재나 지진 따위의 갑작스러운 사고가 일어날 때에 급히 대피할 수 있도록 특별히 마련한 출입구를 말해요.

시행 실제로 행동하는 것을 말해요.

안전 불감증 안전사고에 대한 인식이 둔하거나 마음 안전에 익숙해져서 사고의 위험에 대해 별다른 느낌을 갖지 못하는 상태를 말해요.

염려증 작은 일이나 걱정하지 않아도 될 일에 걱정을 많이 하는 마음을 말해요.

위반 법률, 명령, 약속 따위를 지키지 않고 어기는 것이에요.

위탁 수하물 비행기를 탈 때 항공기 짐칸으로 실어 나르는 짐을 말해요.

잎새뜨기 신체의 전후와 좌우의 균형을 완전하게 맞춘 자세로 몸의 어느 부분에도 하중이 치우치면서 쏠리지 않아 온몸이 물 위에 무중력 상태로 떠 있는 것과 마찬가지가 되는 상태를 말해요. 물속에 빠졌을 때 체력을 유지하려면 잎새뜨기 생존 수영법이 꼭 필요해요.

활주로 비행장에서 비행기가 뜨거나 내릴 때에 달리는 길이에요.

교통안전 관련 사이트

국토 교통부 www.molit.go.kr
국토 종합 계획을 세우고 국토 및 수자원을 관리하며 안전하고 편리한 교통 서비스를 제공하는 업무를 맡아서 하는 국가 기관이에요. 2013년 3월 국토 해양부에서 이름이 바뀌었어요.

도로 교통 공단 www.koroad.or.kr
도로 교통안전에 관한 교육과 기술 연구를 주요 업무로 하는 경찰청 산하 준 정부 기관이에요.

한국 어린이 안전 재단 www.childsafe.or.kr
더 나은 어린이 안전 문화를 위해 서울시 이동 안전 체험 교실, 어린이 교통안전 투명 우산 나눔 사업, 유아용 카시트 보급 사업 등을 진행하고 있어요.

한국 해양 교통안전 공단 www.komsa.or.kr
선박의 항해와 관련한 안전을 확보하고 선박 또는 선박 시설에 관한 기술을 연구·개발해요.

대한 안전 교육 협회 www.safetykorea.or.kr
안전 보건 교육을 실행하고 산업 현장 및 관공서, 학교 등에서 발생할 수 있는 안전사고 최소화, 안전 보건 의식 개선, 무재해 사업장 실현을 목표로 하고 있어요.

신나는 토론을 위한 맞춤 가이드

교통안전 지킴이 하라와 교통안전 염려증으로 고생한 프랭키의 이야기를 재미있게 읽었나요? 이제 교통안전에 대해서 박사가 되었다고요? 그 전에 마지막 단계인 토론을 잊지 마세요. 토론을 잘하려면 올바른 지식과 다양한 정보가 바탕이 되어야 해요. 책을 다 읽고 친구 또는 부모님과 함께 신나게 토론해 봐요!

잠깐! 토론과 토의는 뭐가 다르지?

토론과 토의는 모두 어떤 문제를 해결하기 위해 의견을 나누는 일입니다. 하지만 주제와 형식이 조금씩 달라요. 토의는 여러 사람의 다양한 의견을 한데 모아 협동하는 일이, 토론은 논리적인 근거로 상대방을 설득하는 일이 중요합니다. 토의는 누군가를 설득하거나 이겨야 하는 것이 아니기 때문에 서로 협력해서 생각의 폭을 넓히고 좋은 결정을 내릴 때 필요해요. 반면 토론은 한 문제를 놓고 찬성과 반대로 나뉘어 서로 대립하는 과정을 거치지요. 넓은 의미에서 토론은 토의까지 포함하는 경우가 많습니다. 토론과 토의 모두 논리적으로 생각 체계를 세우고, 사고력과 창의성을 높이는 데 도움을 준답니다.

토론의 올바른 자세

말하는 사람
1. 자신의 말이 잘 전달되도록 또박또박 말해요.
2. 바닥이나 책상을 보지 말고 앞을 보고 말해요.
3. 상대방이 자신의 주장과 달라도 존중해 주어요.
4. 주어진 시간에만 말을 해요.
5. 할 말을 미리 간단히 적어 두면 좋아요.

듣는 사람
1. 상대방에게 집중하면서 어떤 말을 하는지 열심히 들어요.
2. 비스듬히 앉지 말고 단정한 자세를 해요.
3. 상대방이 말하는 중간에 끼어들지 않아요.
4. 다른 사람과 떠들거나 딴짓을 하지 않아요.
5. 상대방의 말을 적으며 자기 생각과 비교해 봐요.

체계적으로 생각하기

지하철 에스컬레이터에서 '두 줄 서기'를 하는 게 맞을까요?

지하철이나 백화점 등에서 에스컬레이터를 탈 때마다 헷갈려요. 어떤 사람들은 한 줄을 비워 두고, 바쁜 사람들이 걷게 만들기도 하거든요. 다음 글을 읽고 여러분의 생각을 정리해 보세요.

우리나라는 한때 '에스컬레이터 한 줄 서기' 운동을 진행했습니다. 2002년 월드컵을 앞두고 시행된 캠페인이었지요. 해외 사례를 들어 가며, 이렇게 하면 바쁜 사람은 빨리 지나갈 수 있으므로 매우 효율적인 방식이라고 주장했지요. 실제로 '빨리빨리 문화'에 익숙한 우리나라 사람들은 빠르게 받아들여 실천했습니다.

그러다 움직이는 에스컬레이터에서 뛰어가는 것이 위험하다는 안전 문제와 에스컬레이터의 고장 원인이 '한 줄 서기'에 있다는 주장이 제기되면서 한동안 '두 줄 서기' 운동을 진행했습니다. 2007년부터 무려 8년 동안 대대적인 홍보를 했는데 실패로 돌아가고 말았습니다.

그런데 조사에 따르면, 에스컬레이터의 안전사고 원인은 이용자들이 손잡이를 잡지 않거나 하는 안전 수칙을 제대로 지키지 않기 때문이라고 합니다. 한 줄 서기 때문에 걷는 사람과 서 있는 사람이 부딪히고 넘어지면서 사고가 생기기도 하지요. 보통 에스컬레이터에서 빠르게 걷거나 뛰는 건 출퇴근 시간 직장인이나 바쁜 일정으로 움직이는 사람들이기 때문에 사고는 당연히 예견되는 것일지도 모릅니다.

기본적으로 에스컬레이터는 걷는 것을 염두에 두지 않고 만들었기 때문에 가로폭이 1m 정도밖에 되지 않는 계단을 두 사람이 걷거나 뛰는 것은 위험할 수밖에 없지 않을까요?

1. 지하철 에스컬레이터 줄 서기는 어떤게 좋을까요?

한 줄 서기가 좋다.
그 이유 :

두 줄 서기가 좋다.
그 이유 :

2. 지하철 에스컬레이터 사고를 줄이려면 어떻게 해야 할까요?

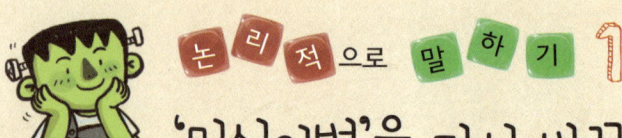

'민식이법'을 다시 바꾸어야 할까요?

민식이법은 스쿨 존에서 교통사고로 안타깝게 목숨을 잃은 김민식 군의 이름을 딴 도로 교통법, 특정 범죄 가중 처벌 등에 관한 법률 개정안이에요. 민식이법은 스쿨 존에 신호등과 단속 카메라를 의무적으로 설치하도록 하는 것이에요. 스쿨 존에서 교통사고를 내면 일반 교통사고보다 더 무거운 벌을 받기도 하지요. 그런데 2020년 3월에 시행된 민식이법에 관하여 개정이 필요하다는 여론이 커지고 있어요. 다음 글을 읽고 여러분의 생각을 정리한 뒤 말해 보세요.

'민식이법'(도로 교통법 개정안, 특정 범죄 가중 처벌법 개정안)으로 어린이 교통안전이 강화된 것을 성과로 꼽은 전문가도 있었다. 민식이법에는 어린이 보호 구역(스쿨 존)에 우선적으로 무인 단속 카메라와 신호등, 과속 방지 턱 등을 설치토록 하고, 스쿨 존에서 12세 이하 어린이 사상 사고를 낸 운전자를 가중 처벌하는 내용이 담겼다. 허억 가천대 국가 안전 관리 대학원 교수는 "민식이법으로 어린이 교통안전에 대한 국민적인 관심이 크게 높아졌다."며 "앞으로는 민식이법의 입법 취지를 잘 살려나가는 게 중요하다."고 했다.

반면 "운전자에게만 책임을 과하게 지운다."는 목소리도 있다. "민식이법은 형벌 비례성 원칙에 어긋나고 운전자가 피할 수 없었음에도 모든 책임을 부담하는 것은 부당하다."는 내용으로 민식이법 개정을 요구한 청와대 청원에는 35만 4천 명이 동의했다.

전문가들은 일각의 부정적 여론에도 불구하고 민식이법의 입법 취지는 여전히 중요하다는 견해다. 교통안전과 관련한 한 연구소 책임 연구원은 "민식이법은 운전자들에게 스쿨 존 내 안전 운전에 대한 경각심을 높이는 긍정적인 효과가 있기 때문에 재개정에는 동의할 수 없다."며 "아이들이 차로로 뛰어들어 오는 경우와 같은 어려움이 있겠지만, 그런 부분까지 처벌이 과중하게 나올까에 대해서는 회의적"이라고 말했다.

1. 민식이법이 만들어진 이유는 무엇인가요?

2. 어린이 안전을 위해 만들어진 '민식이법'인데, 적용이 너무 엄격하기에 다시 고쳐야 한다고 요구하는 운전자들도 있어요. 민식이법을 다시 고쳐야 할까요? 어떻게 하면 좋을지 함께 토론해 봅시다.

찬성-민식이법을 다시 고쳐야 한다.
그 이유 :

반대-민식이법을 지켜야 한다.
그 이유 :

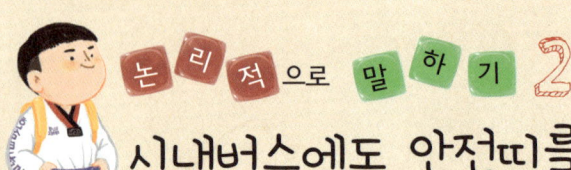

시내버스에도 안전띠를 설치해야 할까요?

고속버스나 시외버스에는 안전띠가 설치되어 있지만 우리가 늘 이용하는 시내버스에는 안전띠가 없어요. 자동차 규칙 제27조에는 '환자 수송용 좌석'과 '시내버스의 승객 좌석'에는 안전띠를 설치하지 않아도 된다고 정해져 있어요. 하지만 시내버스가 항상 안전하지는 않아요. 다음 글을 읽고 어떻게 하는 것이 나을지 의견을 나눠 봐요.

경남 진주에서 발생한 '칼치기(차들 사이를 이리저리 가로질러 좁은 공간의 차 앞으로 무리하게 끼어드는 운전) 사고'로 시내버스에 타고 있던 고등학교 3학년 여학생이 전신 마비 피해를 본 것과 관련해 가해자가 금고 1년 형을 선고 받았다.

사고를 낸 운전사는 진주시의 한 도로에서 자신의 차량으로 시내버스 앞에 갑자기 끼어들었다. 버스가 급정거하면서 여고생 A양이 맨 뒷좌석 쪽에서 앞좌석으로 튕겨 나오면서 요금 통에 부딪히는 등의 중상해를 당했다.

A양은 사고 직전 버스에 막 탑승해 급정거 당시 자리에 앉을 겨를이 없었고, 그대로 요금 통에 머리를 부딪쳐 목이 골절되면서 사지 마비 판정을 받았다.

1. 시내버스 교통사고는 연간 약 5천 건이나 발생하고 승객 사망 사고도 꾸준히 일어나고 있는 게 현실이에요. 하지만 불편하다는 이유로 시내버스에는 안전띠가 없어요. 과연 시내버스에는 안전띠가 없어도 될까요?

있어야 한다.
그 이유 :

없어도 된다.
그 이유 :

2. 기차에는 왜 안전띠가 없는지 알아봅시다.

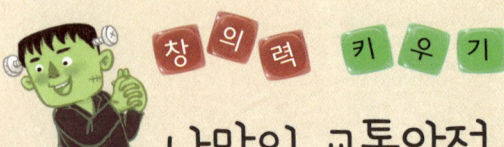

나만의 교통안전 캠페인을 해 볼까요?

여러분만의 창의적인 교통안전 캠페인 포스터를 그려 보세요. 그림 대신 글짓기를 하거나 표어를 써 봐도 좋아요.

예시 답안

지하철 에스컬레이터에서 '두 줄 서기'를 하는 게 맞을까요?
1. **한 줄 서기가 좋다:** 출퇴근을 할 때나 약속이 있는 사람들을 위해 한 줄 서기는 매우 효율적인 방식인 것 같다. 에스컬레이터를 걸을 수 있도록 더 튼튼하고 넓게 만들면 좋을 것 같다.
   두 줄 서기가 좋다: 노인, 장애인, 어린이의 경우에는 특히 균형 감각이 떨어지기 때문에 모두 안전하게 두 줄 서기를 하고 손잡이를 잡는 게 좋다고 생각한다.
2. 에스컬레이터를 이용할 때 가장 중요한 점은 걷거나 뛰지 않는 것이다. 안전선 안에 타야 하고 에스컬레이터가 급정지하거나 지나가는 사람과 부딪칠 수 있으므로 손잡이를 꼭 잡아야 한다. 운동화 끈 같은 것이 에스컬레이터 사이로 빨려 들어갈 수 있으니 잘 묶어야 하고 스마트폰을 하다가 넘어지는 사고가 나지 않도록 에스컬레이터를 탈 때 스마트폰은 하지 않는다.

'민식이법'을 다시 바꾸어야 할까요?
1. 민식이법은 스쿨 존에서의 어린이 교통사고를 예방하고 줄이기 위해서 만들어졌다.
2. **찬성−민식이법을 다시 고쳐야 한다:** 스쿨 존마다 과속 카메라를 설치하면 예산이 많이 든다. 30㎞ 이하로 운전해도 처벌 대상이 되며 아이들이 갑자기 뛰어드는 경우 운전자가 피할 수 없는 사고인데도 처벌이 무겁다.
   반대−민식이법을 지켜야 한다: 민식이법은 어린이의 생명과 안전을 지키기 위한 목적으로 만들어진 법이다. 과잉 처벌은 섣부른 걱정이다. 운전자 입장이 아닌 어린이를 보호해야 한다는 데 중점을 두고 민식이법은 반드시 지켜져야 한다.

시내버스에도 안전띠를 설치해야 할까요?
1. **시내버스 안전띠 있어야 한다:** 실제 통계를 살펴보면 시내버스 내에서 일어나는 교통사고는 매년 증가하고 있다. 급정거를 할 때 의자에 앉아 있던 사람이 튕겨 나가거나 유리창에 머리를 부딪칠 수 있다. 이러한 사고를 미리 예방하고 단 한 명의 안전이라도 지킬 수 있도록 시내버스에도 안전띠를 설치해야 한다.
   시내버스 안전띠 없어도 된다: 시내버스의 정류장 간격은 주로 400~800m로 이동 거리가 짧고 승객이 타고 내리는 경우가 많아서 오히려 안전띠가 불편할 수 있다. 서서 타는 승객에 대한 대책도 없다. 세계적으로도 시내버스는 안전띠 설치 의무가 없다.
2. 기차는 엄청나게 무겁기 때문에 트럭이나 승용차와 부딪쳐도 충격이 매우 작다. 달리는 열차에 탄 사람이 위험해지는 것은 충돌로 속력이 줄어들기 때문인데, 기차는 급브레이크를 밟아도 멈추는 데 오래 걸리기 때문에 충격이 크지 않다.

"인공지능(AI) 시대의 힘은 수학에서 나온다!"

정가 480,000원

개념 수학 〈1단계〉① 양치기 소년은 연산을 못한대(수와 연산) ② 견우와 직녀가 분수 때문에 싸웠대(수와 연산) ③ 헨젤과 그레텔은 도형이 너무 어려워(도형) ④ 쉿! 신데렐라는 시계를 못 본대(측정) ⑤ 알쏭달쏭 알라딘은 단위가 헷갈려(측정) ⑥ 떡장수 할머니와 호랑이는 구구단을 몰라(규칙성) ⑦ 아기 염소는 경우의 수로 늑대를 이겼어(자료와 가능성) ⑧ 개념 수학 1단계-백점맞는 수학 문장제 〈2단계〉⑨ 가우스, 동화 나라의 사라진 0을 찾아라(수와 연산) ⑩ 가우스는 소수 대결로 마녀들을 물리쳤어(수와 연산) ⑪ 앨런, 분수와 소수로 악당 히들러를 쫓아내라(수와 연산) ⑫ 오일러와 피노키오는 도형축제 대회 1등을 했어(도형) ⑬ 오일러, 오즈의 입체도형 마법사를 찾아라(도형) ⑭ 유클리드, 플라톤의 진리를 찾아 도형 왕국을 구하라(도형) ⑮ 아르키는 어림하기로 걸리버 아저씨를 구했어(측정) ⑯ 페르마, 수리수리 규칙을 찾아라(규칙성) ⑰ 피보나치, 수를 배열해 비밀의 방을 탈출하라(규칙성) ⑱ 파스칼은 통계 정리로 나쁜 왕을 혼내줬어(자료와 가능성) ⑲ 개념 수학 2단계-백점맞는 수학 문장제 〈3단계〉⑳ 약수와 배수로 유령 선장을 이긴 15소년(수와 연산) ㉑ 입체도형으로 수학왕이 된 앨리스(도형) ㉒ 원주율로 떠나는 오디세우스의 수학 모험(측정) ㉓ 비례배분으로 보물섬을 발견한 해적 실버(규칙성) ㉔ 로미오와 줄리엣이 첫눈에 반할 확률은?(자료와 가능성) ㉕ 개념 수학 3단계-백점맞는 수학 문장제
융합 수학 ㉖ 쌍둥이 건물 속 대칭축을 찾아라(건축) ㉗ 열차와 배에서 배수와 약수를 찾아라(교통) ㉘ 스포츠 속 황금 각도를 찾아라(스포츠) ㉙ 옷과 음식에도 단위의 비밀이 있다고?(음식과 패션) ㉚ 꽃잎의 개수에 담긴 수열의 비밀(자연)
창의 수학 ㉛ 퍼즐탐정 셜록홈즈1-외계인 스콜피오스의 음모 ㉜ 퍼즐탐정 셜록홈즈2-315일간의 우주여행 ㉝ 퍼즐탐정 셜록홈즈3-뒤죽박죽 백설공주 구출 작전 ㉞ 퍼즐탐정 셜록홈즈4-'지지리 마란드러'의 방학숙제 대작전 ㉟ 퍼즐탐정 셜록홈즈5-수학자 '더하기를 모테'와 한판 승부 ㊱ 퍼즐탐정 셜록홈즈6-설국언차 기관사 '얼어도 달리능기라' ㊲ 퍼즐탐정 셜록홈즈7-해설 및 정답
개념 사전 ㊳ 수학 개념 사전 1(수와 연산) ㊴ 수학 개념 사전 2(도형) ㊵ 수학개념사전 3(측정/규칙성/자료와 가능성)